다시 일어서기

내 안의 회복탄력성 깨우기

다시 일어서기

내 안의 회복탄력성 깨우기

초판 1쇄 발행 2025년 12월 22일

지은이 오효성
펴낸이 장현수
펴낸곳 메이킹북스
출판등록 제 2019-000010호

디자인 홍규선
편집 홍규선
교정 안지은
마케팅 이지현

주소 서울특별시 구로구 경인로 661, 핀포인트타워 912-914호
전화 02-2135-5086
팩스 02-2135-5087
이메일 making_books@naver.com
홈페이지 www.makingbooks.co.kr

ISBN 979-11-6791-814-7(03300)
값 15,000원

우리 모두는 불완전한 세상을 사는 불완전한 인간들입니다.

오효성 지음

다시 일어서기

내 안의 회복탄력성 깨우기

메이킹북스

추천의 글

정신과 전문의, 정신의학 박사 강 도 형

(전 서울의대 정신과 교수, 현 서울청정신과 의원 원장)

정신과 전문의로서 『다시 일어서기』라는 책의 가장 큰 강점을 뽑으라면 저자가 자신의 가장 아프고 어두웠던 상처를 독자들 앞에 숨김없이 드러내는 진정성이라고 자신 있게 말할 수 있다. 부모님의 불화로 불안하고 우울했던 10대 시절, 40대 초반 사랑하는 아내의 갑작스러운 사망으로 삶이 통째로 나락으로 떨어졌던 순간, 그리고 두 딸의 학비를 걱정해야 하는 상황에서 M&A로 인해 직장을 잃고 미래가 깜깜해졌던 절망의 시기를 절제된 감정으로 고백한다. 특히 그는 구조조정을 당하는 입장에서 불과 몇 년 후 다른 회사의 구조조정을 주도해야 하는 삶의 아이러니를 겪으며 깨달은 인간의 불완전함과 인생의 부조리를 담백하게 고백하기도 한다. 더욱 놀라운 사실은, 이 책의 원고를 완성한 후 저자 자신이 혈액암 판정을 받았다는 것이다. 독자들의 회복을 위해 쓴 이 글을, 고통스러운 항암 치료 과정에서 매일 다시 글을 쓰고 읽기를 반복하며, 책을 스스로의 마음을 다잡는 루틴으로 삼았다. 이 책은 저자 자신의 회복을 도운 첫 번째 독자가 되었던 셈이다.

『다시 일어서기』는 "나는 왜 이럴까?"라는 자책에서 시작해 "이 또한 지나갈 것이다"라는 수용을 거쳐, "그럼에도 불구하고 나는 다시 일어설 수 있다"는 희망에 이르는 한 편의 시간 여행이다. 여행의 안내자인 저자는 심리학, 뇌과학, 경영학, 그리고 동양 철학을 나침반으로 삼아, 독자들에게 삶이 나를 배반할 때 어떻게 견뎌 내고 다시 자신의 자리로 돌아오는지에 대한 경로를 구체적으로 알려준다. 이 책의 가장 중심 개념은 '회복탄력성(Resilience)'이다. 저자는 그것이 누구한테 배워야 할 것이 아닌, "우리 안에 이미 존재하는 힘"이라고 용기 있게 말한다. 이를 통해 저자가 궁극적으로 말하고자 하는 바는 '삶에 대한 태도'이다. 그는 니체의 '아모르 파티(Amor Fati, 운명을 사랑하라)'의 중심축은 '회복탄력성'이고 이는 부조리한 삶을 대하는 태도를 결결정한다고 지적한다. "받아들이는 것은 패배가 아니라 지혜다."라며, 삶의 불운을 저주하는 대신, 그것을 껴안고 그 안에서 배움을 찾는 태도야말로 진정한 회복의 울림이라는 것이다.

『다시 일어서기』에서 저자의 내러티브는 절제되어 있으면서 따뜻하다. 화려한 수사를 피하고, 자신이 직접 체험한 삶을 아주 친절하고 군더더기 없는 언어로 이야기한다. 그래서인지 책이 전혀 '설교'나 "나때는—" 식의 이야기로 전혀 들리지 않는다. 마치 인생의 먼 길을 먼저 걸어본 선배가 조용히 옆에서 다시 그 길을 함께 걸으면서 이야기를 들려주는 듯하다. 책을 덮고 나면 "괜찮아, 넘어져도 다시 일어날 수 있어"라는 한마디가 미래를 향한 나의 초조함을 현재에 집중하는 느긋함으로 바꿔준다. 요즘처럼 불확실성과 상실이 일상이 된 시대에, 이

책은 단순한 위로를 넘어 '삶의 복원력'에 대한 실천법을 제시한다. 넘쳐나는 자기계발의 언어가 아닌, 인간적 공감의 언어로 쓴 회복의 철학서라 할 만하다. 삶의 길 위에서 넘어지는 것은 실패가 아니고, 다시 일어서는 바로 그 순간이 인생의 가장 고귀한 장면이며, 그것이 '나' 자신과 공생하는 힘의 원천임을!

암 투병하면서 내가 다시 일어서는 데에

큰 도움을 준 아내 영희와 두 딸 해인, 신영에게

들어가며

우리는 영화나 드라마에서 주인공이 보통 사람들은 도저히 견디기 힘든 가난이나 암 같은 난치병을 이겨내고 결국 원하는 목표를 달성할 때 감동하고 환호합니다. 그리고 비열한 악역과 싸워 나라를 구하거나 사랑하는 이를 구출하는 스토리에는 마치 내가 그 주인공이 된 양 흥분하며 박수를 보냅니다.

어디까지나 영화나 소설 속 이야기이지만, 우리 현실에서도 그런 영웅은 아주 가끔 존재합니다. 우리가 알고 있는 오프라 윈프리도 그런 영웅 중 한 사람입니다. 그녀는 미혼모에게서 태어나 10대에 친척에게 성폭행을 당했고, 본인 역시 14세에 미혼모가 되었습니다. 그 아이는 태어난 지 2주 만에 세상을 떠났습니다. 그 후 오프라는 미래가 보이지 않는 절망적인 현실을 잊으려 마약에 손을 댔고, 젊은 시절을 하루하루 근근이 버티며 살았습니다.

그랬던 그녀가 이제는 큰 부를 이루어 불우한 사람들을 돕고 있으며, 전 세계에서 가장 영향력 있는 인물 중 한 명으로 꼽히며 많은 사람들의 존경과 사랑을 받고 있습니다.

다행히 우리 같은 보통 사람들은 영화 속 주인공이나 오프라처럼 극적인 역경과 고난을 경험하지 않습니다. 하지만 그럼에도 불구하고 보통 사람들에게도 산다는 것이 결코 만만한 일이 아닙니다.

삶은 굴곡의 연속

수년 전 전직 대기업 임원 출신들과 워크숍을 함께한 적이 있습니다. 과제는 태어나서 현재까지 자신의 전체 삶을 돌아볼 때 좋았던 시기와 힘들었던 시기를 그래프로 그려보는 것이었습니다. 8명이 참여했는데 어느 누구도 좋았던 시절만 있었던 사람은 없었습니다. 그렇다고 인생 전체가 늘 힘들었다고 말한 사람도 없었습니다. 참석자 모두는 삶에서 좋았던 시기와 힘들었던 시기가 교차하는 굴곡의 여정을 보냈다고 했습니다.

이 워크숍에 참석한 사람들은 나름 남들이 보기에 성공한 사람들이었지만, 그럼에도 불구하고 그들이 그린 인생 그래프는 행복과 불행이 교차하는 굴곡을 보여주었습니다.

나 스스로를 돌아보아도 마찬가지였습니다. 부모님의 가정 불화로 불안하고 우울한 10대를 보냈고, 대학 생활도 당시 유신 정치 상황과 잦은 시위로 혼란스럽고 행복하지 않았습니다. 졸업 후 취업하고 30대에 결혼해 두 딸을 낳고 나서야 인생의 따스한 봄날을 느낄 수 있었습니다. 두 딸과 아내와 산과 들로 여행을 다니면서 '행복이란 이런 것이구나' 만끽하며, 이대로만 쭉 행복하게 살면 좋겠다고 생각했습니다.

그러나 내 나이 40대 초반, 아내의 갑작스러운 사망으로 내 삶은 나락으로 떨어졌습니다. 두 딸을 데리고 직장을 다니며 어떻게 살아야 할지 앞이 깜깜해서 한 치 앞 내일도 생각할 수 없었습니다. 얼어붙은 차디찬 가슴으로 산을 오르며 오늘 하루를 버틸 힘이 주어지기를 간구했습니다. 하루하루를 산다는 것이 벅차게 다가왔고 두려움 가득한 나날들이었습니다. 어디로 가야 할지, 언제쯤 이 어둡고 추운 긴 터널의 끝이 있을지 가늠할 수 없었습니다. 때때로 노래방에 혼자 가서 노래를 부르며 가슴속 한과 불안을 토해냈습니다. 이런 깜깜한 인생 밤길은 3~4년이나 계속되었습니다.

몇 년 후 마음이 안정을 찾고 새로운 외국 회사의 대표이사가 되면서 다시 따스한 훈풍이 내 삶에 불어왔습니다. 하지만 몇 년 지나지 않아 회사의 외국 본사가 M&A를 당하면서 졸지에 한국 지사장 자리에서 물러나 직장을 잃었습니다. 당시 두 딸은 여전히 대학에 재학 중이었습니다. 내 삶의 여정에서 나는 다시 넘어졌습니다. 미래는 다시 깜깜해졌으며 내 가슴은 차디차게 얼어붙었습니다. 하지만 전만큼 두렵거나 힘들지는 않았습니다.

오래지 않아 다행히 새로운 외국 회사의 대표로 취임했습니다. 몇 년 후 이번에는 외국 본사가 M&A를 주도하면서 해당 한국 지사장이었던 내가 합병을 주도해야 하는 업무를 맡게 되었습니다. 몇 년 만에 구조조정을 당하는 입장에서 이제는 구조조정을 해야 하는 입장으로 180도 바뀌었습니다. 이렇게 내 삶에서 오르막과 내리막은 늘 교차했습니다. 이제는 그런 삶의 굴곡이 바로 인생이라는 것을 알게 되었습니다.

불완전한 세상을 사는 불완전한 인간들

사람들은 상대방을 축복할 때 '꽃길만 걸으시라'고 말합니다. 하지만 꽃길만 걷는 사람이 이 세상에 있을까요? 우리 삶에 늘 좋은 일만 생겨서 성공의 정상에서 환희와 성취감, 기쁨만 느끼면 좋겠지만, 안타깝게도 우리는 원하지 않는 실패와 실수의 깊은 계곡에서 실망, 불안, 두려움의 고통을 경험합니다.

그리고 만약 꽃길만 걸은 사람이 있다고 가정해 봅시다. 그런 사람이 과연 지금 삶의 여정에서 넘어져 지쳐 있고 두려워하는 사람의 심정을 이해할 수 있을까요? 그런 이웃에게 따스한 손길을 내밀 수 있을까요?

인간은 누구나 자기중심적입니다. 우리의 이런 자기중심적 성향은 시시각각 상황이 변하고 갈등이 만연한 이 세상에서 나 자신을 스스로 보호하기 위해 만들어 놓은 심리적 방어막입니다. 또한 우리는 나에게 주어진 상황을 통제하고 싶어 합니다. 내가 주변을 통제할 수 있다고 생각할 때 안전감을 느낄 수 있기 때문입니다. 내 뜻대로 안 되면 좌절과 불안을 느낍니다.

어렸을 때 우리는 부모나 학교에서 내 노력에 따라 무엇이든지 할 수 있고 성취할 수 있다고 배웠습니다. 원하는 내가 되지 못한 것은 오로지 내 노력 부족이라고 배웠습니다. 그러나 나이가 들면서 세상에서 내가 통제할 수 있는 것이 그렇게 많지 않다는 사실을 깨달습니다. 가까운 배우자, 자식, 형제, 직원들, 친구들… 내 뜻대로 되지 않습니다. 어떤 경우에는 내 마음조차 내 의지대로 되지 않는 상황도 경험합니다.

이 세상은 내가 자기 중심적인 만큼 상대방도 자기 중심적이기에 늘 갈등과 다툼이 있습니다. 그리고 내가 주변을 통제할 수 없듯이 상대방도 주변을 통제할 수 없습니다. 따라서 상대도 나처럼 내 뜻대로 되지 않을 때 실망감과 불안감을 느낍니다. 그래서 아마 부처님께서는 사람이 사는 곳을 고통의 바다라고 말하면서 세상 사람들을 동업중생(同業衆生), 즉 같은 업과 고통을 지닌 생명들이라 칭하셨을 것입니다.

그렇습니다. 우리 모두는 불완전한 세상을 사는 불완전한 인간들입니다.

다시 일어서는 지혜

기업 임원, 간부들과 대학생들을 코칭, 멘토링하면서 어떻게 하면 인생 후배들에게 도움을 줄 수 있을까 생각해 보았습니다. 많은 자기계발서들이 원하는 꿈을 이루는 방법, 목적을 성취하는 방법들에 대해 설명하고 있습니다. 하지만 살면서 어려움에 봉착해 넘어지며 허덕였던 경험이 많은 나로서는, 후배들이 살면서 예기치 않은 어려움에 닥쳐 넘어졌을 때 지혜롭게 다시 일어서는 방법에 대한 책이 있으면 좋겠다고 생각했습니다.

춥고 깜깜한 삶의 밑바닥에 있는 것처럼 느껴질 때, 두려움과 불안감을 어떻게 덜어줄 수 있을까? 도와 주고 싶었습니다. 마침 세계적으로 회복탄력성(Resilience)에 대한 연구들이 책으로도 많이 발표되었습니다. 이 책도 회복탄력성에 대한 과학적 연구에 근거한 내용을 중심으로 개인적 실제 경험을 녹여서 작성했습니다. 이 책은 누구나 겪을 수밖에 없는 인생의 추운 겨울 밤길을 걷고 있는 후배들에게, 조금 앞서 똑같이 그런 밤길을 걸었던 선배가 들려주는 이야기입니다.

당신이 지금 어둠 속에서 길을 잃고 헤매고 있다면, 그 길의 끝에는 분명 새로운 아침이 기다리고 있습니다. 넘어져도 다시 일어설 수 있는 힘은 이미 당신 안에 있습니다. 그 힘을 발견하고 키워나가는 방법을 함께 찾아보기를 기대합니다.

목차

1장

인생이란?

"이 세상에 좋고 나쁜 것은 없다.

우리 생각이 그렇게 만들 뿐이다."

- 셰익스피어, 햄릿 2막

1. 인생은 학교

미국의 정신과 의사 스콧 펙(M. Scott Peck)은 수십 년간 환자들을 상담하며 깨달은 진리를 『아직도 가야 할 길』이라는 책에 담았습니다. 그는 책의 첫 페이지에서 이렇게 말합니다.

"삶은 고해다. 하지만 이 평범한 진리를 이해하고 받아들일 때, 삶은 더 이상 고해가 아니다."

왜 그럴까요? 인생이 쉽고 평탄할 것이라 기대하며 사는 사람들은 어려움에 부딪칠 때마다 "왜 나만 이런 고통을 겪어야 하지?" 하며 불평하게 됩니다. 그런데 불평에 에너지를 쏟다 보면 정작 문제를 해결할 힘은 줄어들지요.

반면 처음부터 "인생이란 원래 어려운 것"이라고 받아들이는 사람들은 다릅니다. 원하지 않았던 어려움이 찾아와도 불평보다는 해결에 집중합니다. 그래서 같은 고난이라도 훨씬 지혜롭게 헤쳐 나갑니다.

성장형 마인드셋의 비밀

스탠퍼드 대학의 캐롤 드웩(Carol Dweck) 교수는 사람의 마음가짐이 성과를 좌우한다는 연구 결과를 발표했습니다.

성장형 마인드셋을 가진 사람들은 실패를 두려워하지 않고 새로운 일에 도전합니다. 실패해도 그 경험에서 배우려 노력하고, 능력은 노력에 따라 얼마든지 개발될 수 있다고 믿습니다. 어려움 앞에서도 인내심을 갖고 꾸준히 목표를 향해 나아갑니다.

반면 고착형 마인드셋을 가진 사람들은 남에게 똑똑해 보이려는 욕구는 강하지만 실수하는 것을 끔찍하게 여깁니다. 자신의 부족함이 드러날까 봐 새로운 도전을 피하고, 능력은 타고나는 것이라고 믿어 어려움 앞에서 쉽게 포기합니다.

행복한 삶을 살고자 하는 사람이라면 당연히 이런 성장형 마인드셋을 가져야 할 것입니다. 이렇게 사람이 인생에 대해 가지는 마음가짐에 따라 삶의 어려움들을 대하는 태도가 달라지고 그 결과 또한 달라집니다. 여러분도 분명 성장형 마인드셋을 가질 수 있습니다. 그것은 선택의 문제입니다.

한 선배의 이야기에서 배우는 교훈

내가 아는 한 선배 이야기를 들려드리겠습니다. 그는 뛰어난 성적으로 명문대에 진학하고 좋은 금융회사에 취업한 엘리트였습니다. 하지만 그에게는 한 가지 문제가 있었습니다. 늘 세상을 부정적으로 바라보는 습관이었습니다.

처음엔 그의 날카로운 비판이 똑똑해 보였습니다. 하지만 시간이 갈

수록 그와 만날 때마다 에너지가 빠져나가는 느낌을 받았습니다. 대화의 대부분이 자신이 처한 조직과 현실에 대한 부정적인 이야기였습니다. 시간이 흐르자 선배는 대리로, 과장으로 승진하였습니다. 중간 간부로 승진해도 선배의 부정적이고 비현실적인 대화 내용은 달라지지 않았습니다. 그 후로 나도 그 선배와 만남을 기피하게 되었습니다.

몇 년이 흘러서 들은 소식은, 선배가 더 이상 승진이 제대로 되지 않아 다른 회사로 옮겼고 거기서도 잘 되지 않아 자기 나름의 사업을 한다고 회사를 그만두었다는 얘기였습니다. 선배의 부정적 태도를 잘 아는 나로서는 말리고 싶었지만, 이미 개업한 후라 어쩔 수 없었습니다. 그 후 들려오는 소식 역시, 우려한 대로 사업이 잘 되지 않아 접었다는 것이었습니다. 똑똑한 사람이었지만 인생에 대한 고착형 마인드셋이 그의 가능성을 가로막은 것입니다. 너무 안타까웠습니다.

인생은 학교

다비드 상을 조각하고 시스티나 성당에 천지창조를 그린 위대한 예술가 미켈란젤로가 87세 생일에 제자들에게 남긴 말이 있습니다.

"Ancora Imparo(아직도 배우고 있다)"

87세의 거장도 여전히 배움의 자세를 잃지 않았다니, 얼마나 겸손하고 아름다운 마음인가요?

우리 조상들도 비슷한 지혜를 갖고 있었습니다. 돌아가신 분에 대한 제사에서 지방을 쓸 때 '현고 학생부군 신위(顯考 學生府君 神位)'이라고 쓰면서 고인을 학생으로 묘사했습니다. 즉 우리 선조들은 이 세상을 하나의 학교로, 우리를 각자 배워야 할 과목이 있는 학생으로 여겼음을 알 수 있습니다.

역도 선수는 매일 자신이 들었던 최고 중량보다 1킬로그램이라도 더 무거운 바벨을 드는 연습을 합니다. 그래야만 실력이 향상됩니다. 똑같은 무게만 들어서는 성장할 수 없습니다. 마찬가지로 우리 삶의 어려움도 우리를 더 강하게 만드는 훈련 과정이라고 생각해보면 어떨까요? 힘들겠지만, 그 순간마다 스스로에게 물어볼 수 있습니다. "여기서 내가 성장을 위해 배워야 할 것은 무엇일까?"

인생수업의 과목들

의사 엘리자베스 퀴블러-로스(Elisabeth Kubler-Ross)는 임종을 앞둔 수백 명의 환자들과 나눈 대화를 통해 깨달은 바를 『인생수업』(Life Lessons)이라는 책에 담았습니다.

"우리는 배움을 얻기 위해 이 세상에 왔습니다. 태어나는 순간 누구나 예외 없이 삶이라는 학교에 등록한 것입니다. 수업시간이 24시간인 학교에서 살아있는 한 그 수업은 계속됩니다. 사랑, 두려움, 관계, 상실, 인내, 용서, 받아들임, 행복 등이 이 학교의 과목들입니다."

개인적인 경험

나는 40대 초반에 갑작스런 사고로 사랑하는 아내를 잃고 몇 년간 힘든 시간을 보냈습니다. '나에게 어떻게 이런 일이?'라는 분노가 하루에도 몇 번씩 올라와서 괴로웠습니다. 그런데 어느 날 조용히 앉아 있는데 이런 질문이 마음에 떠올랐습니다.

"아내의 죽음이 나에게 주는 메시지는 무엇일까?"

답은 내면에서 즉시 떠올랐습니다. '사랑과 자립'이었습니다. 결혼 후 나는 아내에게 상당히 의존적이었습니다. 중요한 일은 늘 아내와 상의해서 결정했고, 그녀는 내 부족함을 있는 그대로 받아들이며 무조건적인 사랑을 베풀어 준 나에게는 더할 나위 없는 아내였습니다. 이런 내면의 메시지를 얻은 후 나는 홀로 서는 자립심과 다른 사람을 사랑하는 마음을 배우려고 노력했습니다. 직장에서 상사와 갈등이 있을 때도, 동료들은 더 편한 곳을 찾아 떠났지만 나는 그곳을 내 성장의 교실로 여기며 묵묵히 견뎌냈습니다.

상사가 나를 힘들게 할 때도 용서의 마음으로 이겨내려 노력했습니다. 돌이켜보면 이런 마음가짐이 17년간 대표이사로서 회사를 성장시키고 2차례의 M&A를 성공적으로 이끌어낸 원동력이라 생각합니다.

2. 마음의 디폴트 모드 (Default mode)

가. 뇌의 부정 편향성(Negative Bias)

대학생 때 노먼 필(Norman Peale) 박사의 『적극적 사고방식』이라는 책을 읽었습니다. 읽는 동안은 긍정적인 마음이 들었지만, 예상치 못한 상황에 부딪치면 금세 부정적 생각이 앞서며 불안해했죠. 당시 정주영 회장님의 도전 정신이 화제였는데, '나는 왜 그분처럼 긍정적이지 못할까?' 하며 자책했던 기억이 있습니다.

하지만 뇌과학과 진화심리학을 공부하면서 깨달았습니다. 부정적 사고는 나만의 문제가 아니라 인류가 생존을 위해 진화시킨 보편적 성향이라는 것이라는 것입니다. 원시시대 숲에서 바스락거리는 소리가 들렸을 때, 그것을 호랑이로 가정하고 대비한 조상들이 토끼겠지 하고 낙관한 조상들보다 생존 확률이 높았을 것입니다. 그렇게 부정적으로 예상하며 대비해온 종족의 DNA가 우리 안에 흐르고 있는 거죠.

하지만 지금 시대는 다릅니다. 집 밖에 호랑이가 우글거리지 않는데도 우리 뇌는 여전히 상황을 부정적으로 해석하려 합니다.

이런 뇌의 특성은 정치 캠페인에서도 악용됩니다. 인간의 뇌는 부정적 뉴스가 긍정적 뉴스보다 5배나 강하게 영향을 주기 때문입니다. 대인관계에서도 마찬가지입니다. 한 번 부정적 인상을 주면 그것을 만회하려면 5배의 긍정적 노력이 필요합니다.

특히 어려운 상황에서는 이런 편향이 더 심해집니다. 이미 잃어버린 것만 눈에 들어오고, 현재 남아 있는 것이나 앞으로의 긍정적 가능성은 보지 못하게 됩니다.

긍정심리학자 리처드 보야치스(Richard Boyatzis) 교수에 따르면, 꿈과 희망, 낙관적 미래를 생각하면 뇌의 부교감신경이 자극되어 생각이 유연해지고 더 나은 의사결정을 내릴 수 있다고 합니다. 반면 문제만 생각하면 뇌가 생존 모드에 들어가 교감신경이 활성화되고, 심장박동이 빨라지며 혈압도 높아집니다. 생각도 부정적인 면에만 집착하게 되어 넓은 시각을 잃게 됩니다. 그래서 힘든 상황일수록 의식적으로 현실적인 낙관적 사고가 필요합니다.

나. 비교하는 마음

어느 정도 인생을 살아보면 깨닫게 되는 진실이 있습니다. 우리 삶은 100미터 달리기 같은 단거리 경주가 아니라는 것입니다. 그렇다고 마라톤 같은 장거리 경주도 아닙니다.

마라톤은 모든 선수가 같은 골인 지점을 향해 달려 순위를 가리는 경기입니다. 하지만 우리 인생은 어떤가요? 각자가 추구하는 가치와 목표가 다릅니다. 어떤 사람은 경제적 성공을 중시하고, 다른 사람은 교육에서 보람을 찾습니다. 또 누군가는 종교적 신념을 실현하는 데 의미를 두고, 어떤 분은 가족의 행복을 최우선으로 여깁니다.

이렇게 저마다 다른 목표를 향해 가는 것이 인생입니다. 그래서 우리는 다른 사람과 경쟁할 필요가 없고, 각자의 인생에서 모두 승자가 될 수 있습니다.

젊은 시절의 방황, 그것도 소중한 과정

돌이켜보면 나 역시 대학 시절 명확한 목표 없이 이리저리 헤맸습니다. 주변 친구들이 고시 공부를 한다니까 따라 해보기도 했지만, 나에게 맞지 않아 금세 포기했습니다. 뚜렷한 방향이 없다 보니 마치 호수 위의 배처럼 바람 부는 대로 흔들렸습니다.

특히 함께 자란 친한 친구가 고시에 합격해서 장교로 군대에 갔을 때, 나는 아직 진로도 정하지 못한 채 사병으로 입대하게 되었습니다. 그때 그 친구와 비교하여 나 자신이 얼마나 초라하고 열등감에 사로잡혔는지 모릅니다.

하지만 지금 생각해보면, 그 친구와 저는 서로 다른 강점을 가지고 있었고 추구하는 가치도 달랐습니다. 비교할 필요가 전혀 없었던 거죠. 만약 그때 이런 깨달음이 있었다면, 젊은 시절을 훨씬 재미있고 보람되게 보냈을 것입니다. 그리고 친구의 성공을 진심으로 축하해줄 수 있었을 것입니다.

자연이 주는 교훈

봄에 피는 보라색 진달래, 노란 개나리, 5월의 붉은 장미, 9월의 청순한 코스모스 중에서 어떤 꽃이 가장 아름다울까요? 진달래는 진달래만의 아름다움이 있고, 장미와 코스모스는 또 나름의 매력이 있습니다. 꽃마다 피는 시기와 색깔이 다르듯, 우리 각자의 전성기와 빛나는 순간도 다릅니다. 하지만 우리는 어릴 때부터 순위 매기기에 익숙해졌습니다. 아이가 95점이라는 좋은 성적을 받아와도 "다른 애들은 몇 점이지?"를 먼저 묻는 게 현실입니다. 이런 비교 습관은 성인이 되어서도 계속됩니다.

물론 다른 사람의 모습을 보며 배우고 성장하는 것은 자연스러운 일입니다. 하지만 매사를 남과 비교해서 자신을 판단한다면, 늘 쫓기는 삶을 살 수밖에 없습니다. 특히 인생에서 예상치 못한 어려움으로 넘어져 있을 때는 더욱 조심해야 합니다. 코스모스가 진달래가 아니듯, 당신도 당신이 부러워하는 그 사람이 아닙니다. 그는 그이고, 나는 나인 것이지요. 내가 꽃피울 때는 그와 다른 시기일 수 있습니다. 또는 내가 부러워하는 그 사람도 깜깜하고 추운 인생의 밤길에서 여러 번 넘어졌을지도 모릅니다.

다. 변하는 마음

우리 마음은 늘 변합니다. 어떤 승려는 우리 마음을 쉬지 않고 이 나무에서 저 나무로 옮겨 다니는 원숭이에 비유했습니다. 실제로 연구에 따르면 현대인이 하루 중 한 가지에 집중하는 시간은 불과 8초에 불과하다고 합니다.

어려운 상황에서의 마음 변화

힘든 일이 닥치면 "하늘이 노랗다" 또는 "하늘이 무너질 것 같다"는 표현을 쓰곤 합니다. 실제로 스트레스 상황에서는 우리 시야가 30도로 줄어든다고 합니다. 심리학에서는 이를 '터널 시야'라고 부릅니다. 반대로 마음이 편할 때는 시야가 120도까지 넓어집니다.

어려운 역경에 처하면 그 상황이 영원히 계속될 것처럼 느껴집니다. 몸에서는 아드레날린이나 코르티솔 같은 호르몬이 분비되어 우리 사고의 폭을 좁혀버린다고 합니다.

하지만 현자들이 전하는 지혜의 말씀이 있습니다. "이 또한 지나갈 것이다." 우리 뇌는 변하도록 설계되어 있습니다. 따라서 지금 느끼는 힘든 감정이 일시적이며 객관적이지 못하다는 것을 이해해야 합니다. 지금 하늘이 무너질 것 같고 모든 것이 깜깜해 보이지만, 이런 마음 상태는 일시적입니다.

2장

나를 이해하고 받아들이기

"이미 일어난 상황을 받아들이는 것은
그 상황을 악화시키지 않는 지혜로운 행동이다."

- 페마 초드론(Pema Chodron), 티벳 불교 승려

1. 다시 일어서는 힘, 회복력

인류는 수십만 년 동안 지진 같은 자연재해, 야생동물과의 투쟁, 그리고 수많은 전쟁을 겪으며 살아남았습니다. 우리는 이런 시련을 이겨낸 강인한 조상들의 후손입니다. 우리의 DNA에는 고난을 극복한 우수한 유전자가 고스란히 들어 있습니다.

우리 몸의 놀라운 능력

우리 몸에는 '항상성(Homeostasis)'이라는 기능이 있습니다. 날씨가 더워지면 땀을 흘려 체온을 조절하듯, 외부 환경이 변해도 몸의 균형을 유지하는 능력입니다. 인류가 오랜 세월 많은 어려움을 이겨내고 진화해올 수 있었던 것도 이 항상성 기능 덕분입니다.

회복력(Resilience)이란 바로 이 항상성 기능이 심리적, 생물학적으로 발현되는 것입니다.

회복력 전문가인 캐롤 펨버튼 박사(Carole Pemberton)는 회복력을 이렇게 정의합니다:

"삶에 어려움이 닥쳤을 때 우리의 생각, 감정, 행동을 유연하게 조정하여 그 어려움을 이겨내는 능력"

이 정의에서 중요한 세 가지 포인트가 있습니다:

첫째, 회복력은 유연한 대응 능력입니다. 어려운 상황에서는 사고나 행동이 경직되기 쉽습니다. 하지만 회복력이 있으면 다양한 관점에서 상황을 바라보고 건설적인 해결책을 찾을 수 있습니다.

둘째, 회복력은 연습을 통해 되찾을 수 있는 능력입니다. 잠시 잃어버렸지만 적절한 휴식과 노력으로 다시 찾을 수 있습니다.

셋째, 회복력을 되찾아 어려움을 극복하면 이전보다 더 강해지고 현명해집니다. 마치 역도 선수가 매일 바벨 무게를 올리며 기록을 향상시키듯, 우리도 고난을 통해 성장합니다.

우리 안에 이미 있는 힘

가장 중요한 사실은 회복력이 우리 안에 이미 있는 능력이라는 것입니다. 새롭게 만들어야 할 것이 아닙니다. 우리는 수억 개의 정자 중에서 경쟁을 뚫고 태어났습니다. 이미 승자의 DNA를 가지고 있는 것이죠. 따라서 우리에게 필요한 것은 새로운 능력을 만드는 것이 아니라, 잠시 잃어버린 회복력을 다시 찾는 것입니다.

물론 사람마다 타고난 회복력의 크기는 다릅니다. 하지만 누구나 적극적인 노력을 통해 회복력을 되찾을 수 있습니다.

회복력에 대한 오해

회복력은 무작정 참고 견디는 인내와는 다릅니다. 오히려 지나친 인내와 과로는 몸의 자연스러운 회복력을 빼앗아 번아웃 상태로 만듭니다. 우리는 항상성 기능을 가진 생물학적 존재입니다. 몸과 마음이 피로하면 균형을 유지하기 위해 에너지가 필요합니다. 효과적인 업무 수행을 지속하려면 일한 후 충분한 휴식이 필요하며, 그 휴식 시간은 업무량에 비례해야 합니다.

한국인의 일 중독 문화

2013년 글로벌 조사에서 한국 하면 떠오르는 키워드로 '일중독'이 언급되었습니다. 1950년 전쟁 후 압축적 경제 성장을 이룬 우리 역사와 관련이 있죠. '인내는 쓰나 그 열매는 달다', 'No pain, no gain!' 같은 격언을 가슴에 새기며 우리는 자신을 채찍질해왔습니다.

하지만 과학적으로 보면 일하는 시간이 일정 시간을 넘어서면 집중도는 떨어지고 생산성은 낮아집니다. 실제로 OECD 국가 중 한국의 근무시간은 2위로 길지만, 생산성은 28위에 불과합니다.

자동차로 장거리 여행을 하려면 일정 거리마다 연료를 보충하고 차량 상태를 점검해야 합니다. 우리 인생도 마찬가지입니다. 예상치 못한 어려움으로 에너지가 고갈되었을 때 적절한 휴식이 필요합니다.

회복력을 찾는다는 것은 책상 위 업무를 처리하기 위한 참을성을 기르는 것이 아닙니다. 과로나 스트레스로 제대로 기능하지 못하는 몸과 마음이 다시 효과적으로 상황에 대처할 수 있도록 유연한 대응 능력을 되찾는 것입니다.

2. 다시 일어서기의 출발

"너 자신을 알라(Know thyself)."

- 소크라테스

가. 자기 인식(Self Awareness)

폐암이나 췌장암이 치료하기 어려운 이유는 환자가 증상을 느껴 이상을 알아챘을 때는 이미 상당히 진전된 후이기 때문입니다. 하지만 이런 암들도 초기에 발견하면 완치가 가능하다고 합니다.

직장생활도 마찬가지입니다. 빡빡한 업무에 몰입하다 보면 내 몸과 마음이 정상에서 벗어나고 있는지 알아 차리기 어렵습니다. 매일 조금씩 쌓이는 피로와 스트레스는 이슬비에 옷 젖는 것처럼 천천히 우리를 지치게 만듭니다. 회복력을 되찾으려면 먼저 몸과 마음이 평소와 다르게 반응한다는 것을 스스로 알아차려야 합니다.

회복력을 잃으면 현실을 있는 그대로 보지 못하고 왜곡해서 받아들이게 됩니다. 한 가지 사건으로 전체 상황을 판단하거나, 별것 아닌 일을 과장되게 해석해서 잘못된 대응을 하게 되죠.

뇌과학에 따르면, 예상치 않은 상황이 발생하면 뇌내 정보가 본능적 반응을 담당하는 파충류 뇌나 감정적 반응을 담당하는 변연계까지만 전달됩니다. 이성적 판단을 담당하는 신피질까지 도달하지 못해 감정적이고 본능적으로만 대응하게 되는 것이죠.

1) 사고 함정(Thinking Trap)

긍정심리학 전문가 카렌 레이비치(Karen Reivich) 교수는 회복력을 잃었을 때 우리가 빠지기 쉬운 불합리한 사고 패턴을 '사고 함정'이라고 부르며 다음과 같이 설명합니다.

① 일반화의 함정

한 가지 사실로 전체 상황을 판단하는 것입니다.

예를 들어, 연인에게 전화했는데 8시간 동안 답장이 없다고 해서 "그 사람은 나에게 관심이 없어"라고 결론짓는 것이죠. 하지만 그 사람은 긴 회의 중이거나 급한 일 때문에 답장을 못 했을 수도 있습니다.

또 다른 예로, 중요한 발표에서 프로젝터가 고장 나서 준비한 자료를 보여주지 못했다고 "발표를 완전히 망쳤다"고 생각하는 것입니다. 하지만 오히려 임원들과 직접 눈을 맞추며 소통할 수 있어서 더 효과적이었을 수도 있습니다.

지금 이 글을 읽고 있는 당신도 혹시 어려운 시기를 지나고 있을지 모릅니다. 하지만 기억하십시오. 당신 안에는 이미 모든 역경을 이겨낼 수 있는 회복력이 있습니다. 잠시 길을 잃은 것처럼 느껴져도, 당신은 분명히 다시 일어설 수 있습니다. 그리고 그 과정에서 이전보다 더 강하고 지혜로운 사람이 될 것입니다.

② Me Trap

"모든 게 다 내 탓이야…" 이런 생각에 빠져보신 적 있으실 겁니다. 앞서 예로 든 팀장의 경우를 다시 보겠습니다. 프로젝터가 고장 났을 때, 팀장은 "어제 확인했지만 오늘 아침에 다시 한 번 점검하지 못한 내 잘못"이라며 자책합니다. 하지만 정말 모든 게 그의 잘못일까요?

우리 사회는 상호 의존적인 관계로 이루어져 있습니다. 당신이 직장에서 인정받고 승진했다면, 동료들과 상사들의 지원이 있었기에 가능했던 것입니다. 마찬가지로 어떤 문제가 생겼을 때도 100% 개인의 잘못인 경우는 거의 없습니다.

모든 잘못을 자신의 책임으로 생각하는 것은 어떻게 보면 오만한 생각일 수도 있습니다. 자신을 실수할 수 있는 평범한 사람이 아니라, 완벽해야 하는 특별한 존재로 여기는 것이니까요. 만약 자신의 잘못이 있다면, 그 부분만 개선하면 됩니다. 모든 것을 자책하며 무너지는 대신, 배울 점을 찾고 앞으로 나아가면 됩니다.

③ Them Trap

이번에는 정반대의 경우입니다. "내 잘못은 하나도 없어, 모든 게 다 남 탓이야!" 하고 생각하는 겁니다.

프로젝터 고장을 총무팀 탓으로 돌리거나, 당일 점검하지 못한 부서 직원 탓으로만 생각하는 것이죠. 이런 사고방식은 일견 마음이 편할 것 같지만, 실제로는 그렇지 않습니다. 왜냐하면 상황을 개선할 방법을 찾기 어려워지기 때문입니다. 누가 조언을 해도 "다 남의 잘못"이라며 받아들이지 않게 되죠. 결국 아무것도 시도하지 않게 되고, 상황은 개선되지 않으며, 자신은 무기력한 상태에 빠지게 됩니다.

균형 잡힌 시각을 갖는 것이 중요합니다. 자신의 부족한 점은 인정하되, 모든 책임을 혼자 짊어질 필요는 없습니다.

④ Mind Reading

"그 사람이 왜 그랬는지 뻔해." 이런 생각, 자주 하시나요?

팀장이 발표를 마친 후 대표이사가 자신을 쳐다보지 않고 나갔다는 사실에 집착하는 경우를 생각해 보지요. 팀장은 "대표이사가 내 발표에 실망해서 쳐다보지도 않았다"고 해석합니다. 하지만 정말 그럴까요? 어쩌면 대표이사는 다음 외부 일정이 빠듯해서 아무 말도 못 하고 나간 것일 수도 있습니다. 오히려 파워포인트 없이 직접 소통한 것이 더 좋았다고 생각했을지도 모르죠.

가까운 사람일수록 우리는 상대방 마음을 잘 안다고 착각합니다. 친구가 섭섭한 말을 했을 때도 이유를 묻지 않고 혼자 상상으로 해석하며 상처받곤 하죠.

저도 60이 넘은 나이에 친구들과 오해가 생기고 갈등이 있을 때가 있습니다. 서른 살 딸이 신기해하며 물어본 적이 있어요. 나이가 들어도 그런 게 있냐고 말이죠. 저는 이렇게 답했습니다. "나이가 들어도 우리는 불완전하고, 세상도 불완전하다"고요.

상대방의 마음을 단정하기 전에 직접 물어보는 용기를 가져보세요. 대부분의 오해는 이렇게 간단히 풀릴 수 있습니다.

⑤ 최악의 시나리오 상상하기(Catastrophizing)

"이러다가 정말 큰일 나는 거 아니야?"

팀장은 발표 실수로 인해 다음 달 인사에서 좌천될 거라고 상상합니다. 그래서 밤잠을 못 이루고, 식사도 제대로 못 합니다. 하루에도 수십 번 온갖 나쁜 시나리오를 그려보며 걱정만 반복합니다.

이런 최악 상상은 대개 앞서 말한 '상대방 마음을 안다'는 착각과 연결되어 일어납니다. 대표이사가 실망했을 거라고 믿고, 그래서 자신이 좌천될 거라고 최악의 경우를 상상하는 것입니다. 하지만 이런 걱정은 실제로 도움이 되지 않습니다. 오히려 현재의 에너지를 고갈시키고, 실제 문제 해결에 집중하지 못하게 만들죠.

2) 행동 중독

본부장으로 일할 때 저는 3개 팀을 관리했는데, 그중 한 팀에서 퇴사자가 속출했습니다. 클라이언트까지 불만을 표시하는 상황에서 헤드헌터가 보낸 경력자 2명의 이력서를 보게 되었습니다.

급한 마음에 충분한 검증 없이 서둘러 채용했습니다. "하늘이 우리를 돕기 위해 보낸 천사들"이라고 생각할 정도로 고마웠습니다. 하지만 몇 주 후 그들의 실력 부족으로 오히려 상황이 더 악화되었습니다.

뒤늦게 평판 조사를 해보니, 이전 직장에서도 능력 부족과 부정적 태도로 내보낸 직원들이었습니다. 급한 상황에서 제대로 된 검증 과정을 생략한 내 잘못이었습니다.

우리 뇌의 생존 모드

뇌과학자 라스무스 호가드(Rasumus Hougaard)는 마음이 스트레스를 받으면 이성적 판단을 담당하는 신피질 대신 생존을 담당하는 원시뇌가 먼저 작동한다고 합니다. 이 원시 뇌는 장기적 분석 능력이 없어 '도망가거나 맞서 싸우는' 본능적 반응만 하게 됩니다.

문제는 결과에 상관없이 즉각적인 행동을 취하면 도파민이 분비되어 일시적 만족감을 느낀다는 것입니다. 심사숙고하는 지난한 과정을 생략하고 바로 행동함으로써 만족을 얻는 '행동 중독'에 빠지게 되는 거죠.

현대인들은 늘 바쁩니다. 중요한 일은 미루고 급한 이메일 답장이나 행정 처리에 시간을 보내죠. 늦게 퇴근하면서도 "무엇인가 하느라 바

빴으니 열심히 일했다"고 스스로를 위로합니다. 그러면서 정작 중요한 질문들은 계속 미뤄둡니다:

- 이 직업이 내 인생에 어떤 의미가 있을까?
- 내 삶의 목적은 무엇일까?
- 내가 진정으로 원하는 것은 무엇일까?

이런 근본적인 질문들을 미룬 채 50세가 되어 "내 직장 생활이 무슨 의미가 있지?"라는 회의가 든다면 어떨까요? 갑작스러운 구조조정을 당했을 때 "내가 무엇 때문에 이렇게 살았을까?" 하고 자조하게 될지도 모릅니다.

물론 삶의 의미를 알고 있어도 구조조정을 막을 수는 없습니다. 하지만 이미 자신의 목적과 의미를 정리해둔 사람은 그렇지 않은 사람보다 훨씬 수월하게 다음 단계를 찾을 수 있습니다.

지혜로운 리더십

한 대기업 부회장은 매일 아침 7시에 출근해서 오후 6시에 퇴근합니다. 그런데 아침 7시부터 8시까지 한 시간은 혼자만의 시간으로 계획을 세우고 성찰하는 데만 사용한다고 합니다.

낮 근무시간에도 행동 중독에 걸려 즉흥적 결정을 내리지 않습니다. 임원들에게 권한을 위임하고 충분히 토론한 후 결정합니다. 저녁에도 불필요한 네트워킹으로 시간을 낭비하지 않습니다. 그럼에도 주위 사람들로부터 대인관계가 좋은 사람이라는 소리를 듣고, 실적도 훌륭합니다. 매일의 성찰 시간 덕분에 우선순위가 분명하고, 예기치 않은 일이 벌어져도 충분히 숙고한 후 결정을 내리기 때문이죠.

회복력을 되찾는 첫걸음

회복력을 잃을수록 우리는 사고 함정과 행동 중독에 빠지기 쉽습니다. 하지만 이런 패턴을 알아차리는 것만으로도 회복의 첫걸음을 내딛는 것입니다.

어려운 상황에서는 오히려 빠른 의사결정을 피하고, 몸과 마음이 회복된 후에 중요한 결정을 내리는 것이 지혜롭습니다.

스스로에게 물어보십시오:

- 나는 스트레스를 받으면 어떻게 행동하나?
- 내가 자주 경험하는 사고 함정은 어떤 유형인가?
- 과거 사고 함정에 빠졌을 때 어떻게 대처했나?

이런 질문들에 답하면서 자신을 더 깊이 이해하게 될 것입니다. 그리고 그 이해가 바로 회복력을 되찾는 출발점이 됩니다. 당신은 이미 충분히 강한 사람입니다. 단지 잠시 길을 잃었을 뿐이에요. 천천히, 그러나 확실하게 자신만의 속도로 회복해 나가시기 바랍니다.

나. 나를 받아들이기: 있는 그대로의 나와 만나기

어려운 상황일수록 필요한 자기 수용

어려운 상황에 부딪쳐서 회복력을 잃어버리면 사고 함정에 빠져 쉽게 자신을 비난하거나 다른 사람을 탓하게 됩니다. 하지만 자책과 비난만으로는 상황에 올바르게 대처하기 어렵습니다. 우선 주어진 현실을 냉정하게 인식하고 상황을 있는 그대로 받아들이는 것이 중요합니다.

고등학교 때 친구를 따라 몇 달간 교회를 다닌 적이 있습니다. 그때 목사님께서 "친구를 있는 그대로 사랑하라"는 설교를 하셨는데, 당시 나로서는 '있는 그대로 사랑하라'는 뜻이 도저히 이해되지 않았습니다.

하지만 나이 들어 우여곡절의 삶을 겪어보니, '있는 그대로 사랑하라'는 말씀이 모든 인간관계, 그보다 더 중요한 나 자신과의 관계에서 가장 기본이 됨을 알게 되었습니다.

젊은 시절의 상처와 성장

젊었을 때 나를 돌아보면, 가족은 물론이고 저 자신도 있는 그대로 받아들이지 못했습니다. 고등학교 1학년 때 군인이셨던 아버지는 장교로 예편하신 후 가족 생계를 위해 이것저것 해보셨지만 여의치 않았습니다. 다행히 생활력이 강하신 어머니가 아파트 조그만 방에서 미제 물건 장사를 하시며 혼자서 집안 살림을 꾸려가셨습니다.

1970년대 당시만 해도 외국 상품 수입이 엄격하게 금지되어 있어서, 미군 부대에서 나오는 미제 물건들이 비싸게 팔렸습니다. 하지만 이런 장사는 불법이었죠. 가끔 경찰서 형사들이 집에 들이닥치면 어머니는 허겁지겁 물건을 감추려 하셨고, 미처 감추지 못한 경우에는 형사의 바짓가랑이를 붙잡고 "한 번만 봐 달라"고 애걸복걸하셨습니다.

어느 날 그런 모습을 직접 목격했을 때, 나는 어찌할 방도를 몰라 다른 방으로 가서 우는 것밖에 할 수 없었습니다. 불법으로 장사하는 어머니에 대한 안쓰러움, 형사에 대한 적개심, 경제적으로 무능력한 아버지에 대한 분노, 그리고 이런 상황에서 아무것도 할 수 없는 무기력한 자신에 대한 비참함으로 가슴이 찢어졌습니다.

친구들이 집에 놀러 오려고 하면 미제 장사를 하는 어머니가 창피해서 이런저런 핑계로 거절했고, 번듯한 직장이나 잘나가는 사업가 아버지를 둔 친구들은 일부러 사귀지 않았습니다. 지금 생각해보면 나는 내 입장만 생각하는 철없는 아이였습니다. 가족을 먹여 살리기 위해 어쩔 수 없이 미제 물건 장사를 하셔야 했던 어머니를 창피하다며 마음속으로 받아들이지 않았고, 나름 가족 생계를 책임지려 이것저것 해보셨지만 결과가 좋지 않았던 아버지도 무능한 사람으로 낙인찍었습니다.

고3 시절의 시련과 깨달음

고3 중반까지 괜찮은 성적이었던 저는 가을이 되자 소위 고3병에 걸렸습니다. 조금만 책을 봐도 집중되지 않았고 마음은 초조하고 불안했어요. 부모님은 "지금 힘들겠지만 장남인 네가 우리 집안을 이끌어야 하니 이 정도 어려움은 이겨내야 한다"며 책임감으로 처방해 주셨습니다. 고3 수험생으로서 가정 불화, 그리고 무겁게 얹혀진 책임감은 그렇지 않아도 힘든 내 가슴을 더욱 짓눌렀습니다.

한참 공부에 매진해야 할 시기에 공부하기 싫어하는 친구들과 어울려 다니는 것으로 정신적 스트레스의 탈출구를 찾았습니다. 그 해 원하는 대학교에는 합격했지만 원하는 학과에는 들어가지 못했습니다.

나는 이렇게 어머니도, 아버지도, 심지어 저 자신도 받아들이지 못한 채 어둡고 우울한 10대, 20대 시절을 보냈습니다.

자기 탐구의 시작

이런 우울한 시기를 보낸 저는 20대 초반부터 자연스럽게 인간 마음에 대해 관심을 갖게 되었습니다. 심리학 강의도 듣고, 절에 가서 참선도 해보고, 교회에서 목사님 설교도 듣고, 학교 명상 요가 동아리에 가입해서 함께 수행했습니다.

이렇게 '나는 누구인가'에 대해 탐구하기 시작하면서, 내 무의식 깊숙이 억눌려 있었던 여러 가지 것들이 보이기 시작했습니다. 고3 때 불안증, 열등감, 죽음에 대한 두려움, 당시 유신 시절에 느꼈던 정치 현실과 학생으로서 어쩌지 못했던 무기력감 등…

스스로 어찌할 줄을 몰라서 마음 깊숙한 구석에 꼭꼭 숨겨놓았던 감정과 생각들이 올라왔습니다. 때로는 다시 덮어두고 싶을 정도로 무서운 두려움도 엄습했지만, 다시 그런 불안하고 억눌린 마음을 갖고 살기 싫어서 용기를 내어 그런 감정들을 직면했습니다.

내면의 치유와 용서

그리고 그동안 마음속에 가두어서 차갑고 어둡게 변한 나의 부분들을 빛과 사랑으로 안아주기 시작했습니다. 마치 수년간 가출한 후 돈을 모두 탕진하고 다시 집으로 돌아온 탕자를 껴안으며 "고생했지, 괜찮아!" 하며 어루만져 주는 어머니의 가슴으로 말입니다.

그런 어둠들은 당시 내 의식 수준에서 어찌할 바를 몰라 그냥 잊고 싶어서 마음속 깊이 꽁꽁 묻어둔 것들이었습니다. 사실 그 당시 나로서는 나름 내 수준에서 최선을 다했을 것입니다. 그랬기에 마음속 어둠들에 대해 냉철한 판단 대신 연민의 정이 솟아올랐습니다.

이렇게 나를 받아들이기 시작하자, 같은 남자로서 과거 아버지 상황이 이해되기 시작했습니다. '아들 셋을 둔 가장으로서 사업을 계속 실패했을 때 그 마음이 어떠했을까? 돈이 필요하다며 매일 채근하는 아내에게 가져다 줄 돈이 없는 가장이 바로 나였더라면 그 심정은 어땠을까?'

이런 생각이 들면서 마음 깊은 곳에서 아버지에 대한 죄송함으로 주체할 수 없는 울음이 터져 나왔습니다. 당시 아버지 입장은 전혀 헤아리지 못하고 '무능하고 책임감 없는 아버지'로 무시했던 내 행동들이 떠오르면서 차마 얼굴을 들 수 없을 정도로 죄송했습니다.

못 벌어오는 남편을 대신해 미제 물건 장사를 하며 느꼈을 어머니의 굴욕감, 감시하는 형사를 피해야 하는 불안감, 게다가 이런 상황을 이해하지 못하고 어디 하늘에서 떨어진 사람인 것처럼 날카롭게 비난만 했던 장남을 둔 어머니의 당시 심정은 어떠했을까? 생각하니 눈물이 멈추지 않았습니다.

진정한 자기 수용

내 안의 부족한 부분, 힘들고 어두운 부분들을 있는 그대로 이해하고 수용해주고 나서야, 과거에는 판단하고 비난했던 남들의 부족하고 어두운 부분들을 따스한 눈빛으로 바라볼 수 있게 되었습니다.

그 전에는 자신과 남에 대해 엄격한 잣대를 들이대며 냉정하고 까칠했지만, 이제는 사람을 보는 눈이 이해와 용서로 바뀌면서 내 마음도 편해지고 부드러워졌습니다. 나의 회복은 이렇게 나를 있는 그대로 받아들이면서 시작되었고, 그러자 내 안에 빛과 사랑이 느껴졌습니다.

긍정심리학에서 말하는 자기 수용이란 자기 자신과의 관계를 말하는데, 나의 약점과 부족한 점을 무조건적으로 받아들이는 것을 뜻합니다. 어떤 기준에 근거해서 합당하면 받아들이는 것이 아닙니다. 내가 올바르게 행동했든 그러지 못했든, 남들이 저를 인정하든 인정하지 않든, 그런 나를 무조건적으로 받아들이는 것입니다.

자기 수용을 잘 하는 사람은 자신이 부족하고 잘못했다고 열등감을 갖지 않으며, 자신이 남들보다 성공했고 잘한다고 해서 우월감도 느끼지 않습니다.

존재와 행동의 분리

자기 수용이 자신의 잘못한 행동들을 시정하지 않는 것을 뜻하지는 않습니다. 오히려 자신의 행동을 성찰해서 기꺼이 더 나은 사람이 되기 위해 자신의 행동을 개선하려고 합니다.

그들은 자신의 부족한 행동을 평가하면서 자신의 존재 자체를 평가절하하지 않습니다. 자신의 행동과 자신의 존재를 분리해서 성찰할 줄 압니다. 즉, 자신이 어떤 잘못된 행동을 했을 때 "나는 나쁜 사람이야"라고 생각하지 않습니다. 대신 "나는 어리석은 행동을 했구나"라며 자신의 행동과 자신의 존재를 분리해서 생각합니다.

그래서 잘못된 행동을 스스로 비난하지 않으면서도 잘못된 행동을 개선할 수 있습니다. 존재 차원에서 스스로를 존중하며 사랑하는 것이죠. 부족하고 실수했다고 해서 존재 차원에서 존중받지 못하고 사랑받지 못할 사람은 없습니다.

심리적 고통을 줄이는 수용

이런 자기 수용은 심리적 고통을 줄일 수 있습니다. 인간 고통을 연구하는 학술지에 따르면 "심리적 고통은 벌어진 상황에 대한 감정적 저항으로 더욱 커진다"고 합니다.

이미 벌어진 일들을 마음속으로 받아들이지 않고 이런저런 이유를 들어 저항하면, 이미 일어난 일에서 나오는 자연적 고통에다가 추가적으로 심리적 아픔을 스스로 만들어서 경험한다는 것입니다.

자기 수용은 자신을 사랑하는 출발점이고, 이를 통해서 다른 사람과 건강한 관계를 형성할 수 있습니다. 그리고 이러한 자기 수용은 결국 스스로 만들어 놓은 불안, 두려움 등으로부터 풀려나서 심리적 고통에서 해방될 수 있게 해줍니다.

인생의 복도를 지나며

유방암을 두 차례나 경험한 작가 로니 카예(Ronnie Kaye)는 이렇게 말했습니다:

"삶에서 하나의 문이 닫히면 언제나 다른 문이 열린다. 그러나 그 사이의 복도는 매우 좁고 길다."

예기치 않은 큰일을 당하면 우리는 불안정하고 불확실한 시기 속으로 들어갑니다. 하나의 문은 닫혔고 이제 좁고 한 치 앞도 보이지 않는

긴 복도를 지나야 합니다. 이 어두운 복도를 지날 때가 가장 무섭고 견디기 힘듭니다.

하지만 그 어둠 속에서도 기억해야 할 것은 그 길고 어두운 복도의 끝은 반드시 다른 열린 문으로 연결된다는 사실입니다. 그리고 어느 정도 시간이 필요하다는 것이죠. 그러기에 이미 일어난 상황에 쓸데없는 저항을 하느라 힘을 낭비하지 말고, 힘든 지금 이 상황을 기꺼이 껴안으려는 태도를 가져야 합니다.

운명을 사랑하라(Amor Fati)

아모르 파티(Amor Fati)는 라틴어로 운명애(運命愛), 즉 "운명을 사랑하라, 받아들이라"는 독일 철학자 프리드리히 니체의 사상입니다. 살면서 좋은 것들뿐만 아니라 고통, 상실 등 나쁜 것을 포함하여 자신의 삶에 주어지는 모든 것들을 운명으로 받아들이고 그것을 사랑해야 한다는 뜻입니다.

니체는 인간에게 다가오는 운명을 마지못해 감수하는 것으로 그치는 것이 아니라, 이것을 오히려 적극적으로 자신의 것으로 받아들여 사랑함으로써 인간 본래의 창조성을 키울 수 있다고 설명했습니다. 언뜻 수동적 운명론으로 들리지만, 어쩔 수 없는 삶을 수용하면서도 새로운 삶을 개척해 나가는 적극적 수동성이 있는 사상입니다. 특히 우리가 갑작스런 어려움에 넘어졌을 때는 아모르 파티의 정신이 필요합니다.

힘든 상황을 어쩔 수 없어서 받아들이는 것에서 그치는 것이 아니고, 더 나아가 마치 이렇게 어려운 상황을 기다렸다는 듯이 적극적으로 임하면서 그 상황에서 배워서 성장의 발판으로 삼는 태도가 필요합니다.

수용은 나약함이 아닌 지혜

있는 상황을 있는 그대로 받아들인다는 것은 결코 상황에 굴복하고 질질 끌려다니며 나약하게 사는 것이 아닙니다. 그 상황에서 우리가 할 수 있는 것은 적극적으로 결정하고 행동해야 합니다. 하지만 우리가 할 수 없는 것들, 어쩔 수 없는 것들, 이미 벌어진 일들을 받아들이자는 것입니다. 이것은 나약함이 아니고 삶의 지혜입니다.

"나를 사랑하기 시작하자,
어떤 상황에 있든지 나는 올바른 때와
장소에 있다는 것을 알았고,
모든 것은 바로 정확한 때에 일어난다는 것을 깨달았다.
그러자 나는 평온해졌다.
나는 그것을 '자기 신뢰'라 부른다."

- 킴 맥밀란(Kim McMillan), 미국 작가

지금 이 순간, 자신에게 솔직하게 물어보시기 바랍니다:

- 나 자신에 대하여 스스로 받아들이기 어려운 것들은 무엇인가?
- 스스로 받아들이기를 막고 있는 것들은 무엇인가?
- 어떤 외부 상황들이 받아들이기 어려운 것들인가?
- 외부 상황을 받아들이기를 막고 있는 것들은 무엇인가?

이런 질문들에 답하면서 자신을 더 깊이 이해하고 받아들이는 여정을 시작해보십시오. 그 여정의 끝에는 분명히 더 자유롭고 평온한 당신이 기다리고 있을 것입니다.

3장

다시 일어서기

"상실의 감정이 복잡하든 단순하든

우리는 자신만의 시기에 자신만의 방식으로

그것을 치유할 것입니다."

- 엘리자베스 퀴블러-로스(Elizabeth Kubler-Ross)

1. 일어서는 과정

갑자기 예상하지 않은 일이 벌어져 넘어졌을 때 마음에서 일어나는 반응 과정을 이해하면, 어려운 상황에서 더 효과적으로 다시 일어설 수 있습니다.

변화에 대한 우리 감정의 반응 과정에는 잘 알려진 SARAH 모델이 있습니다. 이는 예기치 않은 어려운 일이 벌어졌을 때 일어나는 보통 사람들의 내면 반응을 5단계로 설명합니다:

충격(Shock)→ 분노(Anger) → 저항(Resistance) → 수용(Acceptance) → 희망(Hope)

스위스 태생의 정신의학자 엘리자베스 퀴블러-로스(Elizabeth Kubler-Ross)는 중증 환자들이 자신의 죽음을 인지한 후 보이는 감정 반응을 연구하여 비슷한 5단계 모델을 제시했습니다.

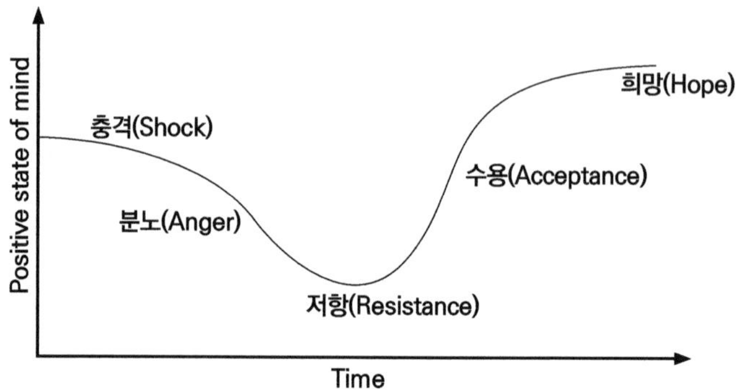

<어려운 일에 대한 내면 반응 5단계>

모든 사람이 같은 과정을 거치지는 않는다

중요한 것은 모든 사람이 똑같이 5단계를 거쳐서 회복되지는 않는다는 점입니다. 순서가 다를 수도 있고, 어떤 사람은 특정 단계를 생략할 수도 있으며, 또 다른 사람은 한 단계를 반복적으로 겪을 수도 있습니다. 감정이 잠재되었다가 몇 년이 지나서 유사한 일이 벌어졌을 때 나타나기도 합니다.

어려운 일이 벌어졌을 때 어떤 사람은 식욕이 없어지지만, 어떤 사람은 닥치는 대로 먹어치우기도 합니다. 이렇게 사람에 따라 나타나는 감정, 회복되는 과정과 순서도 개인적으로 다르다는 것을 알 필요가 있습니다.

그러니 다른 사람과 비교하여 "나는 밑바닥에서 너무 오랫동안 헤매는 것은 아닌가?" 하면서 실망할 필요가 없습니다.

퀴블러-로스는 다시 일어서는 과정이 비행기가 이륙하듯 빠르게 상승 곡선을 그리며 회복이 일어나지 않는다고 말합니다. 회복과 치유의 과정은 롤러코스터를 타는 것처럼 회복되는 듯 보이다가도 어느 날 늪에 빠진 것처럼 꼼짝달싹 못하는 절망감에 다시 사로잡히기도 합니다.

하지만 분명한 것은 이런 과정들을 거쳐서 시간이 흐르면 결국은 치유되고 회복된다는 것입니다.

SARAH 모델로 보는 회복의 5단계

1단계: 충격(Shock) – "설마, 이런 일이…"

일어난 일에 충격을 받아서 벌어진 사실 자체를 부인하거나 얼이 빠져 있는 단계입니다.

예를 들어, 고등학교 다니는 딸이 있는 워킹맘이 회사 인사 발령에서 본인 집과 300km나 멀리 떨어진 지방 도시로 이동해야 한다는 소식을 접했습니다.

처음에는 그 소식을 전해준 친구에게 "아냐, 그럴 리가 없어. 뭔가 잘못 들었겠지. 지난주에 부장님이 나에게 아무런 말도 하지 않았어!"라고 반응합니다. 받아들일 준비가 전혀 되어 있지 않기에 일어난 상황을 일단 부인하려고 하는 것이죠.

2단계: 분노(Anger) – "어떻게 이럴 수가 있어!"

시간이 지나면서 일어난 사실 자체를 인정은 하지만 그 사실에 엄청 화가 나 있는 단계입니다. "아니, 어떻게 회사가 나에게 그럴 수가 있어!" "내가 열심히 일한 결과가 고작 이거야? 너무 불공평해!" "우리 부장이 내 인사고과를 최하로 준 것이 분명해!" 하며 감정이 극도로 고조되어 있는 상황입니다. 이 단계에서는 감정이 예민하여 누가 조금만 건드려도 폭발하게 됩니다.

3단계: 저항(Resistance) – "이대로 당할 순 없어!"

분노를 표현하면서 벌어진 현실에 대항하려고 하는 단계입니다. 지방 이동 인사 발령에 대해 회사를 그만두거나 부당한 인사 발령에 대해 회사 최고 책임자에게 부당함을 얘기하는 등 여러 가지 저항 방안들을 생각하거나 표현하는 단계입니다.

이 단계에서는 현실 상황에 대해 동료가 현실적이고 유연한 대처 방안을 조언해도 귀 담아 듣지 않으며, 스스로 객관적 판단이나 대응하기가 아직 어렵습니다.

4단계: 수용(Acceptance) – "그래, 이런 일도 있을 수 있지"

현실에 대한 분노와 저항 에너지가 줄어들면서 저항 단계에서 생각했던 극단적인 방안들이 현실적이지 않음을 인식하게 됩니다. 나에게 불공정하다고 판단했던 인사 발령이, 다른 동료들도 지방 근무를 했다가 다시 서울로 돌아온 적이 있다는 사실을 자각하게 되면서 어느 정도 합리적인 이유가 있음을 받아들이게 됩니다.

동시에 지방 근무 상황에 대한 정보를 수집하기 시작하고, 지방 근무의 단점에만 집중했던 것에서 벗어나 여러 가지 장점들에 대해서도 귀를 열고 듣기 시작합니다. 가족들과 상의하면서 지방 근무가 그 회사에서 좀 더 성장하기 위해 꼭 필요한 과정임을 얘기하며, 이사 방안에 대한 계획을 세우기 시작합니다.

5단계: 희망(Hope) – "새로운 기회가 될 수도 있겠네"

지방 근무를 당연하게 생각하면서 지방에서의 목가적 생활이나 보다 여유로운 취미 생활 등 삶의 긍정적인 측면에 주의를 두면서 직장 생활에 새로운 희망을 갖게 됩니다.

나만의 치유 방식을 존중하세요

이런 회복 과정에 대한 이해는 우리가 이성만이 아닌 감정을 가진 존재라는 사실을 깨닫게 해줍니다. 따라서 힘든 상황에서 내가 느끼는 충격, 분노, 저항의 감정들이 인간으로서 자연스러운 것임을 알고, 이를 억압하지 않고 시간이 걸리고 힘들더라도 충분히 경험하고 나갈 필요가 있습니다.

퀴블러-로스는 이렇게 말합니다:

"상실의 감정이 복잡하든 단순하든 우리는 자신만의 시기에 자신만의 방식으로 그것을 치유할 것입니다. 어느 누구도 우리에게 '지금쯤 상처가 치유되었어야만 해'라고 말할 순 없습니다. 슬픔의 방식은 개인마다 다릅니다."

시간이 약

회복 과정에 대해 먼저 나누고 싶은 말이 있습니다. 퀴블러-로스가 말한 대로 "치유에는 시간이 걸릴 것이고 결국은 시간이 치유해줄 것입니다"라는 지혜입니다.

우리 한국인 정서는 무엇이든지 빨리 끝내야 된다는 강박성이 있습니다. 그래서 힘든 상황에 부딪쳐 심리적 충격을 받았음에도 불구하고, 거기서 하루 빨리 벗어나고 싶은 심정으로 회복 과정마저 밀어붙여서 오히려 부작용을 가져와 회복을 더디게 만들 수도 있습니다.

나의 고3 시절 경험

오래전 얘기이지만 고등학교 3학년 때 한 시간 동안 참고서 한 장 넘기기 어려울 정도로 신경과민에 시달린 적이 있습니다. 당시만 해도 정신적 스트레스에 대해 잘 알지 못했기 때문에 마음이 불안하면 그것은 의지가 약해서 그런 것으로 치부되었습니다.

부모님, 그리고 내가 아는 유일한 치유책은 좀 더 강하게 정신력으로 무장하는 것이었습니다. 나는 매일을 그런 불안한 마음과 싸우느라 내 에너지를 모두 소진해버리고 정작 공부 진도는 나가지 못했습니다.

고3 수험생으로서 불안해져 예민해진 신경이 회복할 시간이 필요했음에도 불구하고, 대학 입시에 꼭 합격해야 된다는 강박증으로 스스로를 몰아붙이면서 내 정신은 더욱 피폐해지고, 오히려 더 많은 방황과 시간을 허비했던 경험이 있습니다.

무엇인가를 무리하게 밀어붙이면 늘 부작용이 따르기 마련입니다. 마찬가지로 감정을 지닌 인간으로서 예기치 않는 일에 봉착하여 자연스럽게 내 안에 일어나는 분노나 저항 감정들을 무시하고 어려움에서 빨리 벗어나려고 스스로를 심하게 몰아붙인다면, 오히려 나중에 더 힘들어져서 회복시간이 더 걸릴 수 있다는 점을 유의할 필요가 있습니다.

2. 단계별 일어서는 방법

지금부터는 다시 일어서는 과정 단계별로 회복력을 되찾는 방법에 대해 알아보겠습니다. 여러분은 소개되는 여러 방법들 중에 본인에게 적절하게 느껴지는 회복 방법을 선택해서 실행하시면 됩니다.

사람마다 처해 있는 상황이 다르고 또한 과거 경험과 지식, 선호가 다르기 때문에 무엇보다도 본인에게 알맞은 방법을 선택하는 것이 중요합니다. 봉착하고 있는 문제들로부터 큰 좌절을 느끼지 않았다면 충격, 분노, 저항 단계들을 건너뛰고 수용, 희망 단계의 방법들로 넘어가도 좋습니다.

가. 충격 및 분노 단계

사건이나 상황이 벌어진 초기에 충격으로 마음이 놀라 있거나 전혀 예상치 않은 일에 분노가 마음 가득히 차 있는 상태입니다. 이렇게 부정적 감정이 압도된 상태에서는 주위에서 아무리 적절한 얘기를 해주어도 제대로 들을 수 없습니다.

예시: 늦게까지 야근하고 집에 가기 위해 사무실 주차장으로 내려갔는데 내 차 앞문이 심하게 찌그러져 있는 것을 발견했다고 합시다. 마침 그 자리는 지정 주차석이 아니라 누가 있었는지도 알 수 없고, 안타깝게도 주차장 CCTV가 해당 구역은 설치되지 않았습니다. 수리한다면 족히 100만 원 이상의 돈이 나가야 될 것으로 보입니다.

함께 퇴근하던 동료가 위로한답시고 그 자리에서 '너 오늘 재수가 없구나! CCTV도 없고 범인을 찾을 수 없으니... 어찌하겠니, 그냥 잊어버려!" 이런 조언을 했다고 해봅시다. 지극히 합리적인 얘기이지만 그런 소리가 지금 화가 머리 끝까지 올라와서 뚜껑이 열려 있는 나에게는 제대로 들리지 않습니다.

이 단계에서는 먼저 내 안에 있는 화, 분노 에너지를 몸 밖으로 배출할 필요가 있습니다. 왜냐하면 분노 에너지가 몸 안에서 계속 있으면, 뇌가 현실을 있는 그대로 인식하는 회로를 막아 사고 함정에 빠져서 적절한 대응책을 모색할 수 없기 때문입니다.

이 단계에서 알아야 할 것은 이런 충격과 분노의 감정들이 인간으로서 지극히 자연스러운 것이라는 점입니다. 따라서 본인의 이런 내적 감정들에 대해 본인 스스로가 부정하거나 억압하면 자연스러운 회복 과정을 더 지연시키게 될 것입니다.

다만 이런 충격과 분노의 감정들을 파괴적으로 주위 사람들에게 분출하는 것은 상황을 더욱 악화시키기 때문에 건설적으로 표출하여야 합니다.

1) 소리 지르기

분하고 억울한데 어찌할 도리가 없는 상황에서 그런 감정을 몸 밖으로 표출하기 위해 소리 지르는 것입니다:

- 옆 방 소음이 신경 쓰이면 이불을 뒤집어쓰고 소리 지르기
- 혼자 차를 조용한 곳에 주차하고 창문을 닫은 후 마음대로 소리 지르기
- 방에 있다면 베개나 쿠션을 상대방이라 생각하고 던지거나 두드리며 소리치기

혼자 있는 곳에서 아무런 제약 없이 하고 싶은 대로 마음껏 하는 게 중요합니다. 5분이고 10분이고 아무런 제약 없이 자연스럽게 나오는 대로 욕설도 좋고 무슨 말이든지 속 시원히 해버리세요.

도시 아파트 생활을 하면서 밖으로 마음껏 소리 질러 보기가 쉽지 않습니다. 그렇다고 우리 마음속이 그렇게 조용한 것은 아니죠. 억울한 경우를 당해 상대에게 분한 감정이 치솟아 올라 감정이 소용돌이치고, 어떤 방법으로 통쾌하게 복수할 방법이 있는지 생각하느라 머릿속은 복잡합니다.

밥을 먹더라도 내가 무슨 음식을 먹는지 맛이 있는지 느끼지 못하고 억울한 마음에 사로잡혀 있게 됩니다. 이럴 때 마음속의 부정적 감정을 건설적으로 배출하는 것이 회복의 첫 걸음입니다. 알다시피 부정적 감정은 결국 몸도 해치기 때문입니다.

노래방에서의 치유 경험

43세에 아내와 사별한 후 우울에 사로잡혀 칩거하던 나를 친구들이 노래방으로 불러냈습니다. 술을 먹이고 노래를 부르라 하지만 당연히 그럴 기분이 아니었어요.

그러자 친구가 슬픈 노래만 골라 부르면서 노래방 분위기를 슬프고 우울하게 만들었습니다. 그렇지 않아도 마음이 힘든 나에게 분위기를 띄워주는 밝은 노래가 아니고 슬픈 노래를 부르는 것이 처음에는 다소 의아했어요.

하지만 시간이 흐르자 슬픈 노래는 내 마음속 깊이 숨어 있던 슬픔, 분노, 우울감을 공명시켜서 내 마음 밖으로 터져 나오게 만들었습니다. 꾹 눌려 있던 감정들이 솟구쳐 쏟아졌고 삶에 대한 분노가 폭발했어요. 이렇게 마음껏 울고 불고 노래 부르며 속에 쌓인 한을 토해냈습니다.

악을 쓰고 소리 지르기를 한참 한 후 묘하게도 마음이 가벼워지는 것을 느꼈습니다. 삶의 무게가 조금 가벼워진 것을 느꼈어요. 이런 체험을 한 후 외로움이나 우울 감정에 다시 빠지게 되면 혼자 노래방에 가서 아내를 생각하며 다시 슬픔과 분노를 뱉어 내었습니다.

너무나 억울하고 분노가 심하게 느껴져 힘들 때는 마음속으로 억누르지 말고 부정적 에너지를 밖으로 쏟아내는 것이 좋습니다. 남에게 피해를 주지 않으면서 얼마든지 건설적으로 할 수 있는 방법입니다.

2) 울기

남자들에게는 생소할 수 있지만 힘들 때 우는 것도 막힌 에너지를 풀어버리는 좋은 방법입니다. 슬픈 소설을 읽거나 영화를 보며 울고 난 후 묘한 카타르시스를 느낀 경험이 있을 것입니다. 우리 사회는 남자가 울어서는 안 된다고 가르칩니다. 그래서 남자는 일생에 딱 3번만 울어야 한다는 말이 있습니다. 태어날 때, 부모님 돌아가셨을 때 그리고 나라가 망했을 때. 태어날 때야 스스로 통제할 수 없는 것이고 나라 망하는 것도 쉽지 않은 것이니, 결국 우리나라 남자는 부모님 돌아가실 때 말고는 울어서는 안 된다는 말입니다. 우는 것이 자연스러운 인간의 감정 중 하나인데 이렇게 울음을 억압하는 것은 결코 건강한 것이 아닙니다.

울음은 자연스러운 감정

우는 것이 연약함을 나타내는 것도 아니고 울음으로써 더 약해지는 것도 아닙니다. 우는 것은 자연이 우리에게 준 자연스러운 치유 과정

중의 하나이기도 합니다. 물론 운다고 문제가 해결되는 것은 아닙니다. 하지만 몸속의 막힌 감정 에너지가 방출됨으로써 우리 뇌가 사고의 함정에 빠지지 않고 현실적인 대안을 찾아 행동으로 옮길 수 있는 준비를 할 수 있습니다.

알츠하이머병을 연구하는 미국 램지 재단의 빌 프레이(Bill Fray) 박사는 남자가 여자와 비교하여 우는 횟수가 약 1/5밖에 되지 않는다고 밝혔습니다. 그런데 이렇게 남자가 여자에 비해 많이 울지 않는 것이 남자 수명이 여자보다 짧은 이유 중 하나일 수 있다는 것입니다. 인간의 자연스러운 감정인 울음을 억압하는 문화는 삶의 어려움에서 벗어나는 자연스러운 회복 과정을 지연시킵니다. 따라서 울고 싶을 때는 울어야 합니다.

3) 운동하기

등산이나 본인이 즐겨하는 운동을 통해서도 예기치 않은 일을 당해 올라오는 분노나 억울한 부정적 감정 에너지를 방출할 수 있습니다. 사고의 함정에 빠져서 현실적이지 못한 생각들을 머릿속에서 되풀이하는 대신, 헬스장이나 밖으로 나가서 본인이 즐겨하는 육체적 운동을 하면서 부정적 에너지를 방출하는 것입니다. 내 의식을 억울함이나 불안한 감정, 복잡한 문제에 소진하지 않고 운동에 집중함으로써 머리를 맑게 할 수 있습니다. 가급적 몸을 많이 움직이는 운동이 좋습니다. 육체를 많이 사용함으로써 내 안의 에너지가 부정적 생각과 감정에 소진

되는 것을 막아줍니다. 분노나 억울, 우울 등 부정적 감정이 많이 느껴질수록 가벼운 산책보다는 가파른 산행이나 헬스클럽에서 땀을 많이 빼는 운동이 더 효과적입니다.

나. 저항 단계

저항 단계는 어느 정도 분노 에너지가 사라졌지만 여전히 벌어진 상황을 있는 그대로 받아들일 수 있는 마음 상태에 이르지 못하고 저항이 남아 있는 단계입니다. 아니면 벌어진 상황이 그렇게 심리적으로 큰 충격을 줄 정도는 아니지만 그대로 상황을 인정하기에는 마음이 아직 준비되어 있지 않은 상태입니다. 이때 마음의 고통을 어느 정도 겪었는데도 불구하고 계속 느껴지는 심리적 고통에 언제쯤 이 괴로움이 끝날지 두려워지고 불안해지기도 합니다. 하지만 이런 고통도 삶의 수레바퀴에서 보면 하나의 필요한 과정입니다. 그래서 현자는 '고통을 겪는 것만이 고통에서 벗어날 수 있는 유일한 길이다'라고 말합니다. 이런 단계에서 해볼 수 있는 방법들입니다.

1) 친구에게 털어놓기

본인이 갖고 있는 고민이나 억울한 형편을 믿을 수 있는 친구에게 얘기하고 그가 내 얘기를 진심으로 잘 들어주면 그 대화 과정에서 치유가 일어납니다. 얘기를 털어놓는 과정 속에서 마음에 쌓인 저항 에너지가 방출되면서 복잡하게 얽혀 있던 내 생각이 저절로 정리될 수 있습니다. 상담이나 코칭에서 상담자가 고객에게 질문해서 고객이 대답하도록 하는 것도 고객이 대답을 통해 내면에 남아 있던 생각과 감정을 표출함으로써 스스로 생각을 명확히 정리할 수 있기 때문입니다.

이런 결과를 얻으려면 어떤 말이라도 털어놓을 수 있는, 믿을 수 있는 사람을 대상으로 해야 합니다. 그리고는 속마음을 상대에게 모두 시원하게 털어놓을 필요가 있습니다. 조언을 잘 해주는 사람보다는 내 얘기를 잘 들어주고 지원해 주는 사람이 좋습니다. 섣부른 조언보다는 상대방 얘기를 진심으로 들어주고 격려해 주는 신뢰로운 친구가 필요합니다.

2) 감정 쓰기

사회심리학자로서 트라우마 회복을 연구하는 제임스 페네베이커(James Pennebaker)는 트라우마가 있는 고객들에게, 일어난 상황이 끔찍했지만 용기를 내어 그 상황과 본인 감정을 종이에 적게 했더니 치유가 일어나고 몸의 면역 시스템도 개선되었다는 연구 결과를 발표하였습니다. 고통을 다시 적으면서 무의식 깊숙이 억압되었던 에너지가 방출되면서 스트레스가 감소되어 치유가 일어났다는 것입니다. 말하기조차 싫은 감정을 글로 표출하면서 머릿속에서 계속 반복되는 사고의 함정에서 빠져나와 현실적 대응을 하게 되었다고 합니다. 물론 심한 트라우마를 경험한 사람들은 정신심리 전문가의 도움을 필요로 하지만 그 정도가 아니라면 혼자서 자신이 현재 느끼는 감정을 종이에 적어보면 감정을 정화시켜 큰 도움이 됩니다.

특히 당장 친구에게 털어놓기가 어려운 상황이라면 이런 감정 쓰기를 통해 치유가 일어나고 또한 일어난 사건에 대한 새로운 해석/통찰이 일어나서 건설적 방안을 모색할 수 있습니다. 힘들 때 매일 느끼는 감정을 노트에 적어보세요. 얼마 지나지 않아 본인 스스로 치유를 경험할 수 있을 것입니다.

3) 내면의 감정 받아들이기/직면하기

나를 사랑하기 시작하자,
내 안의 고뇌와 감정적 고통은
내면의 진실에 따라 살고 있지 않다는 것을
알려주는 경고 사인임을 알았다.
오늘 나는 이것이 '진정성'이라는 것을 안다.

- Kim McMillen, 미국 작가

불연소 감정

충분히 타지 않은 나무는 연기를 계속 만들어 냅니다. 마찬가지로 우리 감정이 충분히 경험되지 않으면 끝까지 타지 않은 나무처럼 마음 한구석에 꺼지지 않고 연기를 계속 피웁니다. 그러다가 외부 상황이 그 부분을 건드리면 마음속에서 다시 불이 붙어 우리를 괴롭힙니다. 특히 힘들 때나 일이 제대로 되지 않을 때 우리가 갖게 되는 실망감, 두려움, 불안, 배신감, 쪽팔림 등은 누구나 경험하기 싫어합니다. 그래서 마음은 무의식적으로 교묘한 방법으로 그런 감정들을 마음속 깊이 억눌러 놓습니다. 이렇게 억눌러진 어두운 감정들은 기회가 되면 다시 튀어나오기 마련입니다. 따라서 만약 어떤 두려움, 불안, 열등감 등이 지속적으로 내 안에서 느껴진다면, 내가 과거에 그런 두려움, 불안, 실망감 등을 직면하지 않고 무의식적으로 피하려고 하지는 않았는지 점검해 볼 필요가 있습니다. 앞서 나를 받아들이기 부분에서 삶 전체의 받아들임을 다루었는데, 여기서는 내면의 감정을 어떻게 직면하고 받아들이는 방법에 대하여 알아봅니다.

수용전념치료(Acceptance Commitment Therapy)

심리 치료 방법에 수용전념치료라는 방법이 있는데 이는 바로 자신의 내면 감정을 받아들이는 것에서 출발합니다. 그러기 위해서는 우선 어떤 상황에서 내 안에 일어나는 감정을 알아차리는 것이 중요합니다. 불안감이든 두려움이든 일어날 때 우선 이를 알아차리는 것입니다. 쳇바퀴 돌듯이 숨 가쁘게 돌아가는 직장 업무를 하면서 이런 내면 감정을 알아차리는 것이 쉽지 않을 수 있습니다. 하지만 이 알아차림은 사실 1초도 걸리지 않습니다. 그리고 내 안에서 일어나는 것이니 다른 사람이 알지도 못합니다. 그러니 바쁘더라도 그런 감정을 알아차려야 합니다.

뱃속의 작은 꼬임이든 가슴의 미세한 막힘이든 그런 몸속 느낌이나 감정들을 알아차리면, 그런 것들을 판단하거나 분별하지 말고 있는 그대로 느껴주는 것, 받아들여 주는 것이 필요합니다. 즉 '저런, 두려움이잖아, 내가 이 상황에서 이러면 안 되지' 등으로 판단하지 말라는 뜻입니다. 그런 감정이 일어나는 것을 허용하며 그대로 받아들여 줍니다. 감정 느끼는 것을 두려워할 필요는 없습니다. 왜냐하면 그런 감정들이란 내 안에 완전히 연소되지 않았던 감정들이 다시 올라오는 것뿐이기 때문입니다. 물론 극도로 심한 감정이어서 본인 스스로 감당이 어렵다면 당연히 전문가의 도움을 받아야 합니다. 그러나 그렇지 않다면 힘들지만 용기를 내어 두려워하지 말고 떠오르는 감정을 그대로 느껴봅니다.

이렇게 하는 것은 내 안에 숨어있던 불편한 감정을 연소시켜 나중에 다시 연기를 피우지 않도록 하는 것입니다. 불편한 감정들이 들 때마다 잘 받아들여 주면 마음속 깊은 곳에 억눌려져 있던 부정적 에너지가 방출되면서 마음이 훨씬 가벼워지는 것을 느낄 수 있습니다.

삶의 양면성

어느 정도 나이가 들면 인생이라는 것이 햇볕이 화창한 봄날의 꽃길만 걷는 것이 아니고, 추운 바람이 몰아치는 겨울에 한 치 앞도 보이지 않는 밤길도 있다는 것을 압니다. 우리 감정도 마찬가지입니다. 살면서 기쁨, 자신감, 성취감, 행복 등 긍정 감정을 느낄 때도 있지만 상실감, 실망, 불안, 두려움 등 부정 감정도 어쩔 수 없이 우리 의식에 들어옵니다. 하지만 긍정적 감정만 즐기며 받아들일 것이 아니라, 부정적인 감정들도 힘들지만 기꺼이 받아들여야 합니다. 그렇게 함으로써 우리 삶은 오히려 가벼워지고 더욱 풍부해지며 깊어집니다. 마치 계곡 깊은 산이 봉우리도 높아서 자연이 주는 다채로운 모습과 풍요로움을 우리에게 선사하듯이 말입니다.

그랜드캐니언의 장대하고 깊은 붉은 색깔의 계곡 앞에서 우리는 자연의 불가사의함에 감탄하지만, 그 계곡은 아마도 수십만 년 전에 엄청난 빙하나 물이 휩쓸고 지나갔기에 지금의 멋진 계곡과 봉우리들이 생겨났을 것입니다. 유대 격언에 '결혼식에 가서 춤을 추면, 장례식에도 가서 울어야 한다'라는 말이 있습니다. 《신경 끄기의 기술》이란 책에서 마크 맨슨(Mark Manson)은 '내가 결혼한 상대가 내가 다투어야 할 사람이고, 내가 산 집이 내가 수리해야 할 집이며, 내가 힘들게 입사한 이 직장이 바로 나에게 스트레스를 주는 곳이다'라는 통찰을 말합니다. 그렇습니다. 시작이 있으면 끝이 있고, 낮이 있으면 밤이 있습니다. 시작은 끝을 잉태하고 있고, 낮은 밤을 전제로 합니다. 동전의 양면처럼 낮과 밤 그리고 삶과 죽음이 하나이듯이, 즐거움과 고통도 그러합니다.

만약 많은 결혼식에 가서 춤을 춘다면

많은 장례식에서도 울어야 합니다.

친구가 많다면,

많은 헤어짐도 겪을 것입니다.

큰 상실을 경험했다면,

인생에서 큰 도전을 했기 때문입니다.

살면서 여러 잘못을 했다면,

아무 것도 하지 않고 산 것보다는 나은 것입니다.

- Good Reads, Elisabeth Kubler-Ross 글 인용

스스로 다음 질문에 대해 답해 봅니다:

- 나에게 자주 떠오르는 부정적 감정은 어떤 것들인가?

그런 감정을 판단이나 해석하지 않고 있는 그대로 느껴보세요.

4) 용서

"당신은 마음의 평온, 행복, 자존감, 안정감을 얻고자 원하는가?
용서는 이 모든 것을 당신에게 준다."

-『A Course in Miracles』, 작가 미상

용서는 나에게 주는 선물

30대에 접어들면 직장에서, 인간관계에서 크고 작은 상처를 받게 됩니다. 동료의 배신, 상사의 부당한 대우, 친구의 무심한 말 한마디까지… 이런 경험들이 쌓이면서 우리 마음 한편에는 원망과 분노가 자리 잡기 시작합니다.

용서란 남이 나에게 한 잘못된 말이나 행동을 받아들이는 것입니다. 자신의 실수를 받아들이는 것도 어렵지만, 남의 잘못을 용서하는 것은 더욱 쉽지 않습니다. 특히 상대방이 사과 한 마디 없을 때는 더욱 그렇습니다.

하지만 우리가 알아야 할 중요한 사실이 있습니다. 용서는 상대방을 위한 것이 아니라 바로 나를 위한 것이라는 점입니다.

위스콘신대학교 국제 용서연구소의 로버트 엔라이트(Robert Enright) 박사 연구에 따르면, 용서를 잘 하는 사람들이 그렇지 않은 사람들보

다 더 행복하고 건강하게 살아간다고 합니다. 특히 용서할 때 심장 혈관 및 신경계의 기능이 증진된다는 연구 결과도 있습니다. 반대로 용서하지 않으면 내 안의 증오와 원한이 내가 원하는 삶을 사는 데 브레이크 역할을 합니다. 복수심으로 밤잠을 설치고, 밥맛도 잃게 되죠. 결국 상처받는 것은 상대방이 아니라 바로 나 자신입니다.

이미 불공평한 일을 당해서 힘든데, 거기에 증오와 복수심이라는 심리적 고통까지 추가하게 되는 셈입니다. 이것이야말로 이중고입니다.

실전: 용서를 위한 4단계 실천법

세계적인 용서 운동가 윌리엄 마틴(William Martin)이 제시한 '용서를 향한 4단계'를 소개합니다. 지금 당장 실천해볼 수 있는 구체적인 방법입니다.

1단계: 구체적으로 적어보기
용서할 상대방의 이름과 그의 구체적 행동을 적어봅니다.
예시: "김 과장이 팀 회의에서 내 아이디어를 자신의 것처럼 발표했다."

2단계: 내 감정 들여다보기
현재 내가 그로 인해 겪고 있는 감정들을 솔직히 적어봅니다.
예시: "억울하고 분하다. 인정받고 싶었는데 좌절감을 느낀다."

3단계: 용서의 장점 찾아보기

용서함으로써 내가 얻을 수 있는 장점을 적어봅니다.

예시: "마음이 가벼워져서 업무에 집중할 수 있고, 밤에 잠도 푹 잘 수 있을 것 같다."

4단계: 용서 다짐하기

용서를 향한 내 다짐을 적어봅니다.

예시: "힘들지만 김 과장을 용서함으로써 나 자신을 자유롭게 하고, 앞으로 더 성숙한 사람이 되겠다."

용서는 연습이 필요한 기술

한 친구의 이야기를 들려드리겠습니다. 그는 대학교수로 30년간 번 돈을 거의 모두 부동산 투자에 넣었다가 시공사가 망하는 바람에 전 재산을 잃었습니다. 그런데도 너무 담담해서 이유를 물었더니 이렇게 답했습니다.

"이미 전 재산을 잃었는데, 정신 건강마저 잃으면 정말 끝이잖아. 그래서 잊기로 했어. 상대방도 이미 부도가 났는데 어떻게 하겠어? 용서하고 끝내야지~~."

쉽지 않은 선택이었을 것입니다. 하지만 그렇게 하지 않으면 재산도 잃고 정신마저 잃게 되는 것이죠. 용서는 하루아침에 되는 것이 아닙니다. 연습이 필요한 기술입니다. 작은 일부터 시작해서 점차 큰 상처도 용서할 수 있는 마음의 근육을 키워 나가는 것이 중요합니다.

5) 자연과 함께하기

"새와 책이 다른 얘기를 할 때는 새의 말을 믿어라."
- 존 제임스 오듀본, 미국 자연주의자

복잡한 머리를 비우는 가장 확실한 방법

골치 아픈 일로 머리가 복잡할 때, 우리는 보통 더 열심히 생각해서 해결책을 찾으려고 합니다. 하지만 때로는 생각을 멈추는 것이 더 좋은 해답을 가져다 줍니다.

1995년 카플란(Kaplan) 교수는 '자연의 회복력'에 대한 연구를 발표했습니다. 가까운 강이나 산으로 가서 하늘, 구름, 나무, 꽃을 보는 것만으로도 꽉 막힌 우리 뇌에 휴식을 줄 수 있다는 내용이었습니다.

자연 속의 편안한 볼거리들이 우리 의식에 들어오면, 한 가지 생각에만 매몰되어 있던 뇌가 여유를 찾게 됩니다. 그러면 습관적인 사고 패턴에서 벗어나 문제를 다른 관점에서 볼 수 있게 되죠.

인생의 갈림길에서 찾은 답

제가 직접 경험한 이야기를 들려드리겠습니다. 2009년 어느 금요

일, 갑작스럽게 회사 합병 소식을 들었습니다. 20년 넘게 몸담았던 회사가 경쟁사에 합병되면서, 회사 대표이사였던 나에게는 '회장직'이라는 애매한 자리가 제안되었습니다.

외형상으로는 승진처럼 보이지만, 실제로는 3년 후 퇴사가 예정된 자리였습니다. 당시 두 딸이 해외 유학 중이어서 경제적 부담도 컸습니다. 그래서 친구들에게 조언을 구했지만 의견이 엇갈렸습니다. 어떤 친구들은 "안정적이니 회장직을 맡아라", 또 다른 친구들은 "지금 잘 나가고 있으니 새 회사를 찾아봐라"로 의견이 분분했습니다.

그래서 10일 동안 혼자 고민했지만 답이 나오지 않았습니다. 생각하면 할수록 머리만 더 복잡해졌습니다.

자연 속에서

과거에 책에서 본 것이 생각났습니다. 문제가 복잡할 때 내려놓고 자연 속에서 보내라. 그러면 해답이 자연스럽게 나타날 것이라는 내용이었습니다. 그래서 나도 더 이상 고민하지 않기로 결심했습니다. 대신 시간만 나면 집 근처 양재천과 둘레길을 걸었습니다.

강변의 버드나무, 축 늘어진 가지와 잎들이 눈에 들어왔습니다. 대모산 둘레길의 이끼 낀 바위, 숲속의 고요함에 몸을 맡겼습니다. 의식적으로 회사 문제를 생각하지 않고 자연에 몰입하려 했습니다. 2주 후, 머리가 맑아지면서 자연스럽게 질문들이 떠올랐습니다:

나는 몇 살까지 일하고 싶은가? 은퇴 후에는 무엇을 하며 살고 싶은가? 진정으로 나에게 의미 있는 일은 무엇인가? 이런 질문들에 하나씩 답하다 보니, 회장직 제안에 대한 답도 자연스럽게 명확해졌습니다. 그 답은 '아니오'였습니다.

자연과 함께하는 실천법

자연으로 가서도 계속 문제를 생각한다면 진정한 휴식이 아닙니다. 다음과 같이 실천해보십시오:

- 의도적으로 문제를 내려놓기:
  "지금은 생각하지 않겠다"고 스스로에게 말하세요.

- 감각에 집중하기:
  피부에 닿는 미세한 바람을 느껴보세요. 나무 껍질의 색깔, 질감, 두께를 관찰하고, 새소리, 물소리에 귀 기울여보세요.

- 어린아이처럼 호기심 갖기:
  모든 것을 처음 보는 것처럼 신선하게 바라보세요.

- 직관적으로 바라보기:
  '직관(直觀)'이란 직접 바라본다는 뜻입니다. 생각을 거치지 않고 있는 그대로 느끼는 것이죠.

소나무를 볼 때 "아, 소나무구나" 하고 이름을 떠올리는 대신, 지금 눈앞의 소나무를 있는 그대로 느껴보세요. 뇌과학적으로 보면 에너지를 많이 소모하는 좌뇌 대신 우뇌를 사용하는 것입니다.

진화적 관점에서 본 자연의 힘

수백만 년간 인류는 자연 속에서 살아왔습니다. 도시의 건물 안에서 생활한 것은 인류 역사상 불과 백 년도 되지 않았죠. 우리 몸과 마음은 본능적으로 자연을 그리워하도록 설계되어 있습니다.

꼭 멀리 갈 필요는 없습니다: 회사 근처 작은 공원 산책, 점심시간 옥상에서 하늘 바라보기, 주말 가까운 산이나 강변 걷기, 집 앞 가로수길 천천히 걸어보기 정도도 괜찮습니다.

복잡한 문제에 직면했을 때, 더 치열하게 생각하는 것이 능사가 아닙니다. 때로는 모든 것을 내려놓고 자연 속에서 마음을 비우는 것이 더 명확한 답을 가져다줍니다.

뇌가 충분한 휴식을 취하면, 사고의 함정에서 벗어나 현실적이고 지혜로운 대안을 찾을 수 있습니다. 자연은 우리에게 그런 여유와 지혜를 선물해줍니다.

오늘 점심시간, 잠시 밖으로 나가 하늘을 올려다보는 것은 어떨까요? 그 작은 실천이 당신의 답을 찾는 첫걸음이 될 수 있습니다.

6) 그라운딩(Grounding)

"천국은 우리 머리 위뿐만 아니라 발 아래에도 있다."

- 헨리 소로우(미국 자연주의 철학자, 작가)

기(氣)의 존재를 믿든 믿지 않든, 우리는 알게 모르게 '기'라는 단어를 생활 속에서 사용하고 있습니다. 전혀 예상하지 못한 일을 당했을 때 우리는 '기가 막혀'라고 말합니다. 이를 풀어보면 내 몸 안에 흐르는 기가 그 일로 인해 막혀버렸다는 뜻입니다. 무리한 일을 하고 있는 사람을 보면 '기를 쓰고 있네'라고 하는데, 이는 몸 안의 기를 사용해서 그 일에 최선을 다하고 있다는 뜻일 것입니다. 기라는 관점에서 본다면, 현대인들은 업무 대부분이 머리를 주로 사용해야 하므로 기가 머리로 너무 많이 올라와 있다고 소위 기 전문가들은 말합니다.

그라운딩은 의도적으로 우리의 기를 아래로 내려 보내는 것입니다. 기가 머리에 올라와 있으면 잡념이 많아져서 사고의 함정에서 벗어나기 어렵습니다. 그라운딩은 맨발로 땅이나 잔디에서 할 때 효과가 더욱 배가됩니다. 땅을 맨발로 걸어서 우리 몸이 땅과 접촉(earthing)하여 자유전자가 체내로 들어오면, 몸의 면역 시스템이 활성화되어 염증 치료가 빨라지고 스트레스를 감소시키며 숙면하는 데 도움을 주는 것으로 알려져 있습니다. 요즘 산에 가면 신발을 벗고 맨발로 산길을 걷는 사람을 자주 볼 수 있습니다. 이들은 자신의 발바닥을 자연의 대지에 직접 접촉함으로써 자연의 전하를 받아들이는 작업을 하고 있는 것입니다. 요즘 시중에는 어싱 매트가 있어서 실내에서도 땅을 직접 접촉하는 것과 같은 효과를 내는 기구를 판매하고 있습니다. 자연으로 가서 맨발로 걷지는 못하더라도 신발을 신고 걸을 때 그라운딩을 하면서 자연 회복력을 되찾을 수 있습니다.

그라운딩 방법/걷기 명상

그라운딩 방법은 간단합니다. 걸을 때 내 의식을 발바닥에 두어 발바닥이 지면과 닿는 부분을 느껴보는 것입니다. 자연 속에서 하면 좋지만 실내 사무실에서도 가능합니다. 회의하기 위해 2분 정도 옆 회의실로 이동하면서도 할 수 있습니다. 이동하면서 발바닥이 지면에 닿는 부위를 느껴봅니다. 사무실에서는 물론 신발을 신고 있기 때문에 우리 발바닥이 직접 접촉하는 것은 신발입니다. 걸으며 발뒤꿈치가 바닥에 닿은 후 앞으로 힘이 전달되어 가는 미세한 과정을 느껴봅니다. 미세한 부위를 느끼지 못해도 좋습니다. 내가 할 수 있는 만큼 발바닥을 느껴봅니다. 서 있을 때도 몸의 중심이 앞에서 뒤로 움직이는지 아니면 오른쪽에서 왼쪽으로 옮겨지는지, 어느 발가락에 힘이 더 들어가는지 등 발바닥에서의 촉감을 느끼는 것입니다. 집 안에 있다면 양말을 벗고 거실에서 천천히 걸어보면 발바닥이 거실 바닥에 닿는 촉감을 훨씬 쉽게 느낄 수 있습니다. 힘이 발바닥 구석으로 전달되는 미세한 움직임까지도 느낄 수 있습니다.

그라운딩을 하다 보면 기가 몸 위에서 밑으로 내려가서 머릿속 생각이 나도 모르는 사이에 줄어든 것을 경험할 수 있습니다. 그라운딩은 하루 중 언제든지 할 수 있다는 장점이 있습니다. 점심시간에 식당으로 이동하면서 할 수 있고 근무 시간 중 화장실에 갈 때도 할 수 있습니다. 우리나라에서도 유명한 프랑스 플럼 빌리지의 틱낫한(Thich Nhat Hanh) 스님은 수행자들에게 그라운딩을 하며 위파사나 수행을 하는 걷기 명상을 많이 권장하고 있습니다.

다. 수용 및 희망 단계

마음이 감당하기 힘든 일을 겪을 때 SARAH 모델의 5단계 과정에서 충격, 분노, 저항 단계를 거치면서 부정적 감정이 줄어들면 비로소 우리는 냉정한 현실을, 나의 기대와 정반대로 되어 있는 현실을 받아들이는 수용 단계와 희망 단계로 나아갑니다. 베트남 전쟁에서 포로로 감옥에서 오랜 생활을 하다가 살아남은 미국인 스톡데일(Stockdale) 장군은, 오랜 감옥 생활을 이겨내지 못하고 죽은 포로와 살아남은 본인과의 차이는 냉혹한 현실에 대한 인정과 받아들임이라고 설명합니다. 살아남지 못한 동료들은 '크리스마스가 되면 석방될 거야'라고 막연한 희망회로를 돌렸다가 석방되지 않으면 크게 실망했다고 합니다. 그러다가 다시 '부활절에는 풀려날 거야'라며 근거 없는 새로운 희망회로를 돌렸다가 그런 기대가 실현되지 않았을 때 스스로 무너져 갔다고 말합니다. 다시 일어설 힘을 갖기 위해서는 현실을 있는 그대로 직면하고 받아들여야 하는 용기가 필요합니다.

충격, 분노, 저항 단계의 부정적 에너지가 방출되면 이제는 객관적이며 이성적으로 문제해결에 접근해 나갈 수 있습니다.

1) 할 수 있는 것과 할 수 없는 것 구분하기

마음은 분명하지 않으면 되풀이해서 생각하는 경향이 있습니다. 분명하게 해두려면 머릿속으로 생각하는 것보다 종이에 적으면 훨씬 마음이 명료해집니다. 우선 그 상황에 대한 대응책, 해결방안들을 떠오르는 대로 적어봅니다. 대응책들을 다 적었으면 각각 방안에 대해 내가 할 수 있는 것과 할 수 없는 것으로 구분합니다. 이렇게 방안들을 구분해 놓으면 이것저것 계속 생각만 하느라 복잡했던 머리가 훨씬 맑아집니다. 이렇게 명료해지면 할 수 있는 대안들에 집중하여 행동으로 옮길 수 있습니다. 즉 할 수 없는 것을 되풀이해서 생각하는 것에 시간을 낭비하지 않고, 할 수 있는 것에 집중해서 행동 계획을 세워 실행에 옮기는 것입니다.

2) 내 생각 돌아보기(ABC 모델)

"우리를 힘들게 하는 것은 일어난 상황이 아니라
그에 대한 우리 생각이다."

- 에픽테토스(그리스 철학자)

심리학자인 베커와 엘리스(Becker & Ellis)는 사람들이 어려운 상황에서 현실적이고 올바른 대응을 하지 못하는 이유가 그들의 자신과 세상에 대한 잘못된 생각에서 비롯된다고 밝혔습니다. 그의 이론은 인지행동치료(Cognitive Behavioral Therapy) 발전에 큰 영향을 미쳤습니다. 두 학자의 이론에 근거하여 ABC 모델이 만들어졌습니다.

ABC 기법은 다음과 같이 구성됩니다:

A (Adversity): 상황의 발단, 원인
B (Belief): 그 상황에 대한 나의 생각과 해석
C (Consequence): 그 결과로 나타나는 행동

어떤 상황에 반응하는 우리 행동은 우리의 그 상황에 대한 믿음이나 생각에 기반하여 일어난다는 것입니다. 앞의 예를 들어 ABC를 설명해 보겠습니다.

아래 표의 왼쪽 열 A(Adversity)에 일어난 상황을 적습니다. 회사 대

표 앞에서 팀장이 발표를 했는데 하필 프로젝터가 발표 도중 고장이 나서 일주일 준비한 자료를 화면에 보여주지 못하고 대신 말로만 설명하는 것으로 발표가 끝났다는 상황을 요약해서 적습니다. 그리고 중간 열 C(Consequence)에 그 일로 인해 나에게 일어난 결과를 적습니다. 즉 발표를 망쳐서 그 결과 인사조치 될까 두려워 잠도 제대로 자지 못하고, 동료들과 어울리지도 못하고 퇴사 상황을 염려해서 다른 회사를 알아보고 있는 행동들을 기술하는 것입니다. 그다음에는 오른쪽 열 B(Belief)에 내가 그런 행동들을 하게 된 생각의 근거를 아래처럼 적어 봅니다.

A: Adversity 상황의 발단, 원인 등	C: Consequence 나의 대응 행동/현실	B: Belief 내 생각 근거
프로젝터 고장으로 발표를 망침. 대표가 쳐다보지도 않고 퇴장함.	인사조치 될까 두려워서 잠을 못 잠. 동료 팀장과 어울리지 않음. 다른 회사 이직을 알아봄.	→ 대표가 보직 해임할 것임 → 동료가 나를 무시할 것임 → 보직 해임당하면 창피해서 회사를 다닐 수 없음

앞서 설명했지만 우리 행동은 일어난 상황에 대한 생각 즉 해석에 따라 다르게 반응할 수 있습니다. 따라서 이번에는 약간 다르게 해 봅니다.

먼저 왼쪽 열 A(Adversity)에는 똑같이 벌어진 상황을 적습니다. 그러나 이번에는 중 열에 C(Consequence) 행동 결과 대신에 B(Belief)를 먼저 적습니다. 즉 처음 해석이나 생각과는 달리 좀 더 현실적이고 긍정적인 생각을 가운데 칸에 적어 봅니다. 예를 들면, '대표가 과거 다른 팀장 발표에도 쳐다보지 않고 나간 적이 있으니 그렇게 심각한 상황이 아닐지 모른다'라든지 아니면 '새로운 기회를 찾아서 대표에게 발표 능력을 다시 보일 수 있다' 등 적극적 생각을 적습니다. 이렇게 현실적이고 긍정적 생각을 적었으면 그 결과 어떤 행동을 할지를 오른쪽 열 C(Consequence)에 행동 계획을 적어 봅니다.

Adversity 상황의 발단, 원인 등	Belief 긍정적 생각	Consequence 나의 대응 행동
프로젝트 고장으로 발표를 망쳤다. 대표가 쳐다보지도 않고 퇴장.	과거에도 대표가 그런 적이 있어서 그렇게 심각한 상황이 아님. 대표 앞에서 발표할 새로운 기회를 모색함.	→ 본부장과 상의해서 당시 상황에 대한 객관적 해석을 들어 보고 대응책을 생각함. → 본부장에게 다른 기회 줄 것을 요청함.

이렇게 직접 ABC 작업을 해 보면 어떤 일에 대한 나의 부정적이고 비현실적 해석과 판단에서 벗어나 보다 긍정적 시각으로 상황을 바라볼 수 있습니다. 회복력을 잃었을 때는 사고함정에 갇혀서 부정적으로 바라보기 때문에 예상되는 결과도 극단적이고 부정적일 수밖에 없습니다. 하지만 충격, 분노, 저항 단계를 벗어나서 이렇게 벌어진 일(Adversity)에 대하여 다른 생각(Belief)과 해석을 갖게 되면 자연히 보다 현실적이고 합리적인 행동(Consequence)을 모색할 수 있게 됩니다.

머릿속으로 생각하는 것보다 실제로 종이에 적어서 해 보면 내 생각이 비현실적이거나 과장되어 있다는 것을 스스로 확인해 볼 수 있습니다.

3) 비합리적인 생각 물리치기

수용 단계에 와서도 가끔 사고의 함정에 빠져 불합리한 생각에 흔들릴 수 있습니다. 그럴 때는 종이에 내 생각이 합리적이지 않은 이유를 적어보는 것이 효과적입니다.

예시: “인사상 불이익을 당할 것이다”라는 생각 → “이런 일로 인사조치된 적이 한 번도 없었기 때문에 이 생각은 사실이 아니다.”

최악의 시나리오 대비법

예상되는 상황 중 최악의 경우를 상정하고 그 대안을 미리 마련해 보세요. 이미 최악의 경우에 대비하고 있다는 안정감이 불안한 마음을 달래줍니다.

실제 사례: 한 중소기업 대표는 직원 이직률이 높아 스트레스를 받았습니다. 하지만 핵심 직원 몇 명이 떠날 경우의 대비 시나리오를 세워둔 후 걱정이 크게 줄었다고 합니다. 실제로는 그런 상황이 일어나지 않았지만, 미리 준비했다는 것만으로도 마음이 편해진 것입니다.

4) 삶의 의미와 가치 재발견하기

정신의학자 빅터 프랭클(Victor Frankle)은 나치 수용소에서의 경험을 바탕으로 『삶의 의미를 찾아서』를 저술했습니다. 그는 극한 상황에서도 살아남은 사람들의 공통점을 발견했습니다. 바로 자기만의 삶의 의미를 발견하고 그것을 되새기며 역경을 극복했다는 것입니다.

생존자들은 "전쟁이 끝난 후 사랑하는 가족들을 만나는 것"이 삶의 목적이자 의미였기에 극한 상황을 이겨낼 수 있었습니다.

난치병과 싸우고 있는 환자도 마찬가지입니다. 살아야 하는 의미가 명확한 사람과 그렇지 않은 사람 사이에는 투병의지가 다릅니다. 배우자를 위해 또는 자식을 위해, 또는 어떤 살아야만 하는 뚜렷한 목적이 있는 사람들은 훨씬 더 적극적으로 살려는 의지를 가지고 투병을 해나간다고 합니다. 따라서 암 환자들도 자신 삶의 의미를 생각해서 명료화시킴으로써 투병 각오를 새롭게 할 수 있습니다.

내 삶의 의미 찾기

현대인의 삶은 쳇바퀴처럼 바쁘게 돌아갑니다. 의도적으로 시간을 내어 삶의 의미를 되돌아보는 것이 필요합니다. 다음 질문들을 스스로에게 해보세요:

- 내가 죽을 때 사람들이 나를 어떤 사람으로 기억해주면 좋을까?
- 어떤 사람이 되어 죽는다면 후회 없이 죽을 수 있을까?
- 내 삶에 무엇이 가장 중요한가?
- 어떤 일을 하면 기쁘고 보람을 느끼는가?
- 내 삶의 의미나 가치는 무엇일까?

5) 나의 강점과 자원 활용하기

강점이란 자연스럽게 하고 싶어지는 일, 남들보다 빨리 배우는 일, 그리고 대단한 만족을 느끼는 일에서 발견됩니다. 강점을 발휘할 때 우리는 충만감과 기쁨을 느낍니다.

내가 가진 강점 중 하나는 연결(Connectedness)입니다.(갤럽 강점 진단 결과. www.gallup.com) 돌이켜 보면 나는 이슈가 있을 때 적절한 사람들과의 연결을 통해서 도움을 받았습니다. 그래서 골치 아픈 문제가 생겨서 혼자 해결이 적절치 않다고 생각하면 그 이슈 관련하여 가장 적절한 조언을 해 줄 친구, 선배, 후배, 지인들에게 연락하여 조언을 받습니다. 물론 최종 결정은 내가 했지만 친구들이나 선배로부터 듣는 위로의 말이나 새로운 대안들은 나에게 힘이 되었고 또한 고정 관념에서 벗어나서 새로운 시각을 얻는 데 큰 도움이 되었습니다.

또한 자연은 내가 잘 활용하는 자원입니다. 힘든 일이 닥치면 가급적 시간을 내서 집에서 가까운 수서 둘레길을 걷거나 양재천을 1~2시간씩 아무 생각 하지 않고 그냥 걷습니다. 산에서 초록색 나무들과 풀을 보고 탁 트인 한강의 너울거리는 푸른 강물을 바라보며 걷다 보면 어느새 불안하고 움츠렸던 마음이 완화되고 편안해지면서 문제를 극복할 수 있는 에너지를 얻었습니다. 내 경우는 좋은 지인이나 친구들과 연결하는 것이 내 강점이라 할 수 있었고, 자연이 힘들 때 내가 활용할 수 있는 중요한 자원인 셈입니다.

사람마다 본인 스타일에 따라 이렇게 활용할 수 있는 강점과 자원이 다릅니다. 과거에 어려웠을 때 어떻게 극복했는지를 생각해 보면서 당시 내가 활용했던 강점들을 회상하며 현재 직면하고 있는 어려움에 어떻게 적용해 볼 것인가를 정리해 보면 좋습니다.

가) 과거 힘들었던 상황은 어떤 것이었나? 배경과 맥락은 어땠었나?

나) 그때 내가 힘든 상황을 극복할 수 있었던 것은 어떤 요인들(강점과 자원) 때문이었나?

예시: 자기 믿음, 변화 의지, 용기, 삶의 의미, 현실 적응력, 친구/가족의 지원, 현실적 낙관성, 종교, 명상, 취미 생활 등

다) 과거 내가 활용한 강점/자원들 중 어떤 것들을 활용해서 다시 이번 어려움을 극복하겠는가?

라) 현재 어려움에 어떻게 적용할 것인가?

과거 활용한 강점/자원들 중 어떤 것들을 지금 상황에 활용할지 계획해보세요.

6) 감사

"지금 내가 주의(attention)를 두는 것이
바로 내 현실(reality)이다."

- 윌리엄 제임스, 현대 심리학의 선구자

반 컵의 물, 어떻게 볼 것인가?

컵에 물이 반쯤 들어있을 때: "물이 반이나 남았다" vs "물이 반이나 비어 있다"

같은 상황을 어떻게 해석하느냐는 사람마다 다릅니다. 현대 심리학의 선구자 윌리엄 제임스는 주의를 어느 쪽에 두느냐에 따라 인식하는 현실이 달라진다고 말했습니다.

행복하기를 원한다면 내가 현재 갖고 있는 것들에 주의를 두어야 합니다. 갖고 있지 않은 것에 주의를 두면 그 갭에서 불만을 느끼게 됩니다.

감사의 과학적 효과

주어진 상황을 긍정적으로 바라보는 낙관적 성향 사람들이 상황에 대해 부정적으로 받아들이는 비관적인 사람들보다, 스트레스에 더 잘 대처하며 업무 성과도 높고 심리적으로도 행복한 삶을 영위한다는 것은 과학적 사실입니다.

감사하는 마음의 중요성에 대해 요즘 많이 알려져서 감사 일기를 적는 운동도 벌어지고 있습니다. 감사 일기를 적는 것은 하루를 살면서 벌어진 많은 일들 중에서 자신에게 긍정적 일들을 찾아 내는 훈련입니다. 우리 뇌는 부정 편향성이 있기 때문에 하루를 돌아보면 일이 잘 풀려 좋았던 일보다는 제대로 되지 않아 스트레스 받은 일들에 우리 마음은 더 주목합니다. 감사 일기를 적는 것은 벌어진 많은 일들 중에 긍정적인 일들을 찾아내서 느끼는 훈련입니다. 단순히 감사할 일들을 찾아내서 적는 것도 필요하지만 적으면서 마음속으로 감사한 마음을 느끼는 것이 더 효과가 있습니다. 이렇게 내 마음을 긍정적 면에 둠으로써 내 현실을 긍정적, 낙관적으로 만드는 것입니다.

최근의 감사 운동은 단지 사회적, 윤리적으로 필요하기 때문에만 하는 것은 아닙니다. 2000년대 들어 학계에서 감사 효과에 대한 많은 과학적 검증 논문들이 발표되면서 더욱 널리 보급되고 있습니다. 감사하는 마음을 가지면 자존감, 효능감, 행복감, 긍정적 사고, 웰빙, 인내, 지혜, 겸손, 대인관계 등을 향상시켜 주고 우울감, 스트레스 등 부정적 감정을 줄여 주며 아울러 몸을 건강하게 한다고 합니다.

감사 효과는 개인 차원을 넘어서 조직 차원에서도 활성화되어 포스코, SK, 아마존, Southwest Airlines, Campbell Soup 등 회사에서 감사 운동으로 안전사고 건수를 감소시키고 직원들의 업무 만족도를 향상시키고 있습니다.

감사 일기

매일 감사 5가지를 적는 것은 오프라 윈프리에 의해 널리 소개되었습니다. 오프라가 젊은 시절 미혼모로서 마약, 알코올 중독 등으로 힘든 세월을 이겨낼 수 있었던 것은 매일 5가지 감사를 적으면서 자포자기, 좌절감, 열등감, 외로움 등 부정적 감정에 빠지지 않았기 때문이라고 합니다. 나도 개인적으로 약 8년 전부터 매일 5가지 감사를 카톡에 적어서 함께 나누는 단톡방에 공유하고 있습니다. 8년 전과 지금의 나를 비교해 보면 훨씬 긍정적 마음가짐을 갖게 되었고 스트레스도 쉽게 극복하고 있습니다. 로마시대 정치가이자 철학자였던 키케로는 감사를 '인간이 가져야 할 모든 덕목의 어머니'라고 지칭하며 그 중요성을 강조하였습니다.

하루를 돌아보면 아침에 일어나서 잠들기 전까지 우리는 많은 일과 사건들을 경험합니다. 출근 길 전철 안에서 사람들이 많은데도 불구하고 누군가 큰 소리로 전화해서 얼굴을 찌푸렸던 일, 전철 안 내 옆에서 있었던 사람, 전철 창밖에 보이는 차도로 지나가는 자동차들, 회사 건물 안으로 들어가는데 급하게 내 옆구리를 치고 가면서도 아무런 말도 없이 가버린 사람, 사무실에 도착했는데 반가운 얼굴로 인사해 주는 동료 등 셀 수 없이 많은 일들이 벌어집니다. 하지만 사람들이 기억하는 것은 사람마다 다릅니다. 심리학에서는 이를 선택적 지각이라고 설명합니다. 사람마다 그 사람의 경험과 지식에 따라 여러 많은 일들을 선택적으로 기억한다는 것입니다. 어떤 이에게는 전철 안에서 큰 소리로 전화했던 남자가 먼저 기억되기도 하고 또 어떤 사람은 아침에 사무실서 반갑게 인사해준 동료 얼굴이 떠오를 수도 있습니다.

매일 5가지 감사한 일을 적는 것은 하루 일어났던 일 중에서 사소한 것이라도 본인에게 감사할 만한 일들을 찾아서 적는 것입니다. 처음에는 2~3개 감사할 거리를 찾아 내기도 힘들 수 있습니다. 하지만 숙달이 되면 하루에 100가지 감사 거리도 찾아 낼 수 있습니다.

감사 적기는 잠들기 전 하루를 마무리하는 시간에 하는 것이 더 효과적입니다. 의도적으로 하루 중 감사했던 일들을 찾아내어 긍정적 느낌을 가지면 하루를 훈훈한 에너지로 마감할 수 있습니다. 또한 감사하는 마음에서 생긴 긍정적 에너지는 잠자리에서 수면의 질에도 좋은 영향을 줍니다.

오프라가 적었던 5가지 감사 적기의 예를 아래에 보면 무슨 대단한 일을 적은 것이 아니고 자기 나름대로 사소한 것이라도 감사한 일을 의도적으로 찾아 적었다는 것을 알 수 있습니다. 꾸준히 5감사를 적는 습관을 가진다면 분명 회복력을 빨리 되찾을 수 있을 것입니다.

오프라의 5감사 예시:

- 거뜬하게 잠자리에서 일어날 수 있어서 감사합니다.
- 유난히 눈부시고 푸른 하늘을 주셔서 감사합니다.
- 점심때 맛있는 스파게티를 먹어서 감사합니다.
- 얄미운 짓을 한 동료에게 화내지 않고 참을 수 있었던 것에 감사합니다.
- 좋은 책을 읽었는데 그 책을 써준 작가에게 감사합니다.

7) 마인드풀니스(Mindfulness)/마음챙김

"어디를 가든 당신은 그곳에 있다."
- 존 카밧-진(Jon Kabat-Zinn)

① 동양의 지혜, 서양의 과학이 만나다

마인드풀니스는 '문화의 역수입'의 대표적 사례입니다. 원래 동양의 전통적 수행 방법이었던 명상이 1970년대 MIT 교수 존 카밧-진에 의해 서양으로 건너가 과학적으로 검증된 후, 다시 동양으로 돌아온 것입니다.

처음에는 우울증과 스트레스 치료에 사용되던 MBSR(Mindfulness Based Stress Reduction)이 2000년대 들어 개인의 행복과 건강을 위한 도구로 널리 확산되었습니다. 현재는 Google, Nike, Starbucks, 삼성,

LG 등 글로벌 기업과 미 육군에서까지 리더십 향상에 적극 활용하고 있습니다.

여기서 잠깐 명상과 마인드풀니스를 구분할 필요가 있습니다. 명상은 종교적 깨달음의 방편으로 고안된 동양의 수행법으로 그 방법이 다양합니다. 그에 반해서 마인드풀니스는 그 명상 방법론을 차용하지만 어떤 종교적 교리나 깨달음을 목적으로 하지 않는다는 점에서 다릅니다. 심리학적인 관점에서 우리 의식을 현재에 집중하는 훈련을 하여 삶의 행복을 증진시키는 것은 물론이고 업무 몰입과 창의성 개선을 통해 생산성을 높인다는 측면에서 상당히 실용적이며 그 효과가 뇌 과학의 발달로 보편적으로 증명되었다는 점에서 과학적입니다.

② VUCA시대에 더 필요한 마인드풀니스

마인드풀니스가 2000년대 들어 빨리 보급되고 있는 이유는 현대인들의 삶이 VUCA(Volatile, Uncertain, Complex, Ambiguous) 현상으로 표현될 만큼 우리 삶의 환경이 너무나 빨리 변하여 불확실하고 복잡하며 모호해져서, 우리 마음이 불안하고 혼란스러워서 개인의 행복감도 떨어지고 직장에서의 업무 생산성도 낮아지기 때문인 것으로 보입니다. 요즘 코로나 사태를 겪으면서 대다수 세계인들이 이런 VUCA 현상을 실감하고 있습니다.

마인드풀니스는 우리가 역경에 처했을 경우 빨리 회복할 수 있도록 도와줍니다. 특히 사고함정에 빠져서 내 생각과 나를 동일시하여 고통스러울 때 그 고통스러운 생각을 지켜봄으로써, 나를 그 생각과 거리를 두게 하여 마음을 회복시킵니다. 미국 U. C. 버클리 대학에서 현대인의 행복한 삶을 위해 연구하는 Greater Good Science Center에서는 마인드풀니스를 우리 의식을 지금 여기에 두어 현재 일어나는 상황에 대해 판단 없이 알아차리는 것이라 정의하고 있습니다.

③ Mental Gym의 개념

우리는 몸을 위해 헬스장에서 운동하고 건강한 음식을 먹습니다. 하지만 내 행복을 좌우하는 마음을 위해서는 어떤 투자를 하고 있을까요?

마인드풀니스는 일종의 뇌/정신 훈련입니다. 어떤 이는 이를 'Mental Gym'에 간다고 표현하기도 합니다. 뇌과학적으로는 뇌 신경회로를 바꾸는 작업입니다. 하루 10분, 두 달만 훈련해도 회복력과 집중력, 마음의 평온함을 높여 삶의 웰빙과 업무 생산성을 향상시킬 수 있습니다.

④ 마인드풀니스 훈련 시 유의점

마인드풀니스를 많은 사람들이 관심을 갖고 시도를 하지만 꾸준히 하는 사람은 드뭅니다. 마인드풀니스에 대한 잘못된 기대와 너무 심각하게 훈련에 임하는 것도 중도에 그만두게 되는 이유입니다. 따라서 다음과 같은 내용을 유의해서 마인드풀니스 훈련을 할 필요가 있습니다.

성취에 대한 집착 내려놓기

우리는 어릴 때부터 끊임없이 어떤 목표를 세우고 그것을 달성하기 위해 노력하는 것이 습관이 되었습니다. 가만히 아무것도 추구하지 않고 지금 여기에 그대로 있는 것인데, 단순하지만 쉽지가 않습니다. 마인드풀니스 훈련에서는 어떤 것을 성취하고자 하는 지나친 기대나 노력을 내려놓아야 합니다. 설령 마음의 평온함을 얻기 위해 마인드풀니스를 한다고 할지라도, 훈련 중 마음의 평온함을 얻기 위해 과도하게 노력하는 일은 금물입니다.

마음의 평온함이라는 결과물을 기대하고 집착하여 훈련한다면, 아이러니하게도 오히려 마음의 평온함은 얻을 수가 없습니다. 헬스장에서 팔 근육 강화를 위해 덤벨 연습을 할 때, 우리는 그냥 덤벨 올리기를 할 뿐이지 한 번 들어 올릴 때마다 팔 근육이 얼마나 늘어났는지 또는 얼마나 내가 덤벨을 잘 올렸는지를 점검하면서 그 결과나 과정에 일희일비하지 않습니다. 하지만 2~3개월이 지나면 나도 모르게 팔 근육이 향상된 것을 볼 수 있습니다. 그러나 마인드풀니스 연습을 할 때 사람들은 한 번 하고 나서, 내 주의 집중이 잘 되었는지 또는 마음이 평온했는지를 점검하면서 그 결과에 일희일비하는 경우가 많습니다. 그리고 다음에 연습할 때 너무 긴장해서 하다 보면 오히려 방해가 되어서 더 안 좋은 결과를 얻게 되어 금방 좌절해 버립니다.

마인드풀니스 연습에서는 얻고자 하는 것을 내려 놓을 때 오히려 그 결과를 얻을 수 있습니다. 어린애처럼 단순하게 연습을 과정에 충실하게 편안하게 하여야 합니다. 마음의 평온함, 창의력, 집중력 등은 마인드풀니스를 행하는 부산물로서 나오는 것임을 명심해야 합니다. 그것을 성취하기 위해 집착하면 오히려 얻지 못하게 됩니다.

Doing에서 Being으로의 전환

우리는 작위(doing)의 삶을 사는 데 익숙해 있습니다. 하지만 마인드풀니스는 존재(being)의 차원으로 들어가는 것입니다. doing 차원에서 우리는 목표를 세우고 능동적으로 노력해서 결과물을 얻습니다. 하지만 being 차원에서는 지금 여기에서 있는 그대로 그냥 존재하고 현재 나에게 일어나는 일들을 경험할 뿐입니다.

태어날 때 우리는 아무런 생각도 없이 존재(being)의 차원에 있었습니다. 하지만 자의식이 생기고 교육을 받으며 doing의 삶이 삶 전체를 차지하면서 being 차원을 잃어버렸습니다. 그냥 존재하는 것이 자연스런 것임에도 불구하고 힘든 일이 되어 버렸습니다. 마치 잠자고 섹스하는 것이 원래 인간의 자연스런 일이었음에도 불구하고, 많은 현대인들이 잠을 제대로 자고 섹스를 하기 위해 약을 먹거나 어떤 조치를 하지 않으면 할 수 없듯이 말입니다. 어느 스님의 책 제목처럼 '멈추면 비로소 보이는 것들'이 있습니다. Doing을 멈추면 being 차원에서 경험하는 신비로운 것들이 많습니다.

어린아이 같은 호기심 갖기

마인드풀니스 훈련을 하면서 필요한 것은 어린애와 같은 호기심을 갖는 것입니다. 우리가 경험하는 지금 이 순간은 방금 전 순간과 다릅니다. 마치 어린아이가 태어나서 처음 물에 손을 담그면서 느끼는 호기심, 이건 어떤 경험일까 하는 마음으로 편안하게 해야 합니다. 조금도 실수하면 안 되는 업무를 하는 것처럼 지나치게 집중해서 밀어붙이려는 마음은 오히려 마인드풀니스를 방해합니다.

감정 받아들이기

마인드풀니스를 하다 보면 과거 불편했던 감정들이 다시 떠올라서 마음이 괴로울 수 있습니다. 이때 중요한 것은 그것이 두려움, 불안, 수치심, 죄의식이든 피하지 말고 충분히 직면하고 받아들여야 한다는 점입니다. 떠오르는 불쾌한 감정이나 느낌들은 우리 외부에서 오는 것이 아니고, 내 안에 직면하기 두려워서 무의식에 깊숙이 숨겨 두었던 것이 올라오는 것일 뿐입니다.

이런 감정들을 충분히 내가 인정하지 않고 받아들이지 않으면 잠시 숨었다가 언젠가 다시 올라옵니다. 하지만 이런 감정들이 올라올 때, 마치 아기가 무서워서 엄마 품에 안길 때 다독거려주면서 '괜찮아' 하면서 안아 주듯이 그런 불편한 감정들을 받아들여 주면 그런 감정들은 서서히 사라져 버립니다. 따라서 힘들더라도 용기를 내서 마인드풀니스 훈련 도중에 그런 감정들이 떠오르면 억누르지 말고 잘 받아주어야 합니다. 마음이란 억누르면 더욱 강해져서 나타나는 법입니다.

분주한 마음

마지막으로 유의할 것은, 우리 마음은 가만히 있지 않고 분주히 여기에서 저기로 옮겨 다니는 것이 디폴트 모드(default mode)라는 것입니다. 그런 마음의 분주함이 습관이 되었기 때문에 처음 마인드풀니스를 할 때 마음이 이리저리로 산만해지는 것을 알아 차리고는 힘들어서 포기하거나 좌절하는 경우가 있습니다.

절대 그럴 필요가 없습니다. 누구나 그렇기 때문입니다. 그저 내 마음이 내 주의를 벗어나는 것을 알아차리는 것이 바로 훈련입니다. 우주는 늘 변하고 있고 우리 마음도 늘 변합니다. 이렇게 변화하는 마음을 알아차리다 보면 어느새 마음이 평온하고 행복해지며 세상 사물이 명징하게 보입니다. 그리고 변하지 않는 원래 있었던 내면의 존재를 알아차리게 됩니다. 진정한 내가 누구인지를 경험하게 되는 것이지요. 이제부터 마인드풀니스 방법 몇 가지들을 소개하니, 자기에 맞는 방법을 찾아 해 보기를 권합니다.

⑤ 호흡을 통한 마인드풀니스

우리가 직장에서 일하는 시간의 47%는 내 업무에 집중하기보다는 산만하게 다른 생각을 하면서 보낸다고 합니다. 이는 단순히 직장 업무에만 국한된 이야기가 아닙니다. 우리는 일상생활에서도 현재 하는 일에 온전히 집중하지 못하고 있습니다.

회사에서 일하면서 주말에 아이들과 어떻게 놀아줄지를 고민하고,

정작 주말에 아이들과 함께 놀고 있는 동안에는 다음 주 월요일의 주간업무 회의를 걱정합니다. 이렇게 우리는 지금 여기에서 하는 일에 집중하지 못하고 지나간 과거나 다가올 미래에 대해 걱정하면서 시간을 보내고 있습니다.

그래서 마인드풀니스의 가장 기본은 지금 여기에서 하고 있는 일에 내 주의(attention)를 두는 것입니다.

호흡, 흔들리는 마음의 닻이 되다

지금 여기에 주의를 두는 방안으로 널리 보편적으로 활용하는 방법이 호흡에 주의를 모으는 것입니다. 호흡은 하루 종일 내가 노력하지 않아도 저절로 쉬지 않고 진행되고 있으며, 기분이 좋을 때나 언짢을 때나 끊임없이 숨이 들어오고 나갑니다. 따라서 산만해지는 우리 마음을 잡아주는 중심(anchor)으로서 여러 수련법에서 호흡이 활용됩니다.

초보자의 경우 하루 중 1회 정도 아침이나 밤에 잠들기 전 약 10분 정도 정기적으로 호흡을 통한 마인드풀니스를 연습해 볼 것을 권합니다.

올바른 자세

호흡을 통한 마인드풀니스 방법에서 첫째, 자세가 중요합니다. 바닥에 앉는 것이 편한 사람은 책상다리를 하고 앉아서 해도 좋지만, 가급적 의자에 앉아서 하는 것이 나중에 허리나 무릎에 무리가 가지 않아 좋습니다.

앉아서 허리를 위로 쭉 폅니다. 의자에 앉을 경우 의자의 끝에 엉덩이를 대고 앉아야 허리를 바로 세우는 데 도움이 됩니다. 의자 깊숙이 앉거나 의자에 등을 기대면 허리를 바로 세우기가 어렵습니다. 손은 무릎 위에 편하게 올려 놓습니다. 손바닥이 위로 가든 아래로 가든 편하게 놓습니다.

허리를 세우고 앉는 것이 처음엔 불편하고 긴장이 될 수 있는데, 어색하고 힘들더라도 허리를 바로 세우고 앉기를 권합니다. 졸지 않고 깨어 있기에 편하고 몸의 순환에 도움이 되며 허리 디스크도 예방되는 등 장점이 많습니다.

무심히 바라보는 호흡의 지혜

두 번째로는 눈을 감고 코로 숨 쉬면서 내 안의 호흡이 몸에 들어왔다가 나가는 것을 알아차리는 것입니다. 옛 선인들은 호흡 알아차리는 것을 소가 지나가는 것을 쳐다보듯 무심히 그냥 바라보라고 표현하였습니다.

호흡이 길든 짧든, 깊든 얕든 어떤 판단이나 분별하지 말고 그냥 내 몸이 알아서 호흡하는 대로 그대로 받아들이고 알아차립니다. 호흡을 컨트롤하지 말고 몸에 맡깁니다. 지난 수십 년간을 우리 몸은 알아서 호흡을 스스로 해 왔습니다.

물론 얼마 가지 않아서 여러 가지 생각들이 떠오르게 되어 있습니다. 이건 너무 자연스러운 현상인데, 마인드풀니스 연습의 핵심은 이런 생각들이 떠오르는 것을 알아차리면 몸을 이완했다가 다시 원래 호흡으로 우리 주의를 돌리는 것입니다. 이는 마치 헬스장에서 덤벨을 들어 올릴 때 근육이 단련되는 것처럼, 다른 생각이 떠오르는 것을 알아차렸을 때 다시 호흡으로 주의를 돌리는 것이 우리 뇌 근육을 단련시키는 것입니다.

평온함에 집착하지 않는 지혜

마인드풀니스 훈련을 계속하다 보면 생각이 멈춰서 맑고 평온한 상태가 옵니다. 그런데 그런 경험을 하게 되면 다음 마인드풀니스를 할 때 다시 그런 평온한 상태를 경험하려고 집착할 수 있는데, 그렇게 되면 오히려 그런 상태는 달아나게 됩니다. 즉 존재(being) 모드가 어떤 것을 성취하려는 실행(doing) 모드로 바뀌게 되는 것입니다. 따라서 호흡 훈련을 하면서 부수적으로 오는 평정한 마음에 집착하지 않는 것 또한 중요합니다.

호흡 세기로 더 깊은 집중력을

셋째, 호흡이 들어왔다가 나갈 때 마음속으로 하나 하고 셉니다. 그리고 다음 호흡이 다시 들어왔다가 나갈 때 둘 하고 세서 이런 식으로 열까지 세게 되면 그다음에는 아홉, 여덟으로 거꾸로 내려와서 하나까지 호흡 세기를 합니다. 하나까지 오면 다시 열까지 마음속으로 세는 것을 계속하면 호흡에 더 집중하기가 쉽습니다.

어느 정도 익숙해지면 호흡을 세지 않아도 되고 계속 세어도 좋습니다. 다시 언급하면 호흡 훈련 도중 어떤 평온함이나 어떤 현상이 나타나더라도 거기에 현혹되거나 두려워하지 말고 호흡에 주의를 계속 두는 것이 중요합니다.

⑥ 몸 감각을 통한 마인드풀니스

방법은 호흡법과 동일합니다. 다만 내 주의를 두는 대상이 호흡이 아니고 내 몸 안의 감각이라는 것이 다를 뿐입니다. 위에 설명한 대로 허리를 펴고 의자에 앉아 눈을 감으면 여러 가지 대상들이 내 의식에 나타납니다. 여러 가지 생각들, 호흡 소리, 외부의 소리, 냄새 그리고 내 몸 안의 감각 등입니다.

여러 대상들 중에서 내 몸 안에서 현재 느껴지고 있는 감각에만 주의를 두는 것입니다. 몸 감각이란 배 속의 장이 꿈틀거리는 것일 수도 있고 등의 가려움일 수도 있으며 목 안의 갑갑함일 수도 있고 목 뒤의 긴장일 수도 있습니다.

호기심을 가지고 탐색하는 내면의 세계

어떤 감각이든 가만히 앉아서 나에게 현재 느껴지는, 가장 두드러지는 감각을 알아차리는 것입니다. 그냥 무심히 느낄 뿐입니다. 그러다가 다른 감각이 느껴지면 자연스럽게 그 몸의 감각을 다시 알아차립니다. 이렇게 호기심을 갖고서 내 몸의 감각들을 탐색해 봅니다.

호흡법에서처럼 연습하는 동안 여러 가지 생각들이 떠오를 수 있습니다. 자연스러운 현상이기에 마찬가지로 이런 생각들이 떠오르는 것을 알아차리면 잠시 이완했다가 다시 원래 몸의 감각 느끼기로 돌아가면 됩니다. 호흡법보다는 현대인들이 편하게 할 수 있는 마인드풀니스 방법입니다.

⑦ 생활 속의 마인드풀니스

마인드풀니스 훈련은 언제 어디서든지 할 수 있습니다. 그래서 마인드풀니스 기반 스트레스 감소법(MBSR: Mindfulness Based Stress Reduction)을 개발한 존 카밧진의 마인드풀니스 관련 첫 번째 책 제목이 "Wherever you go, there you are"입니다. 우리는 어디를 가든지 마인드풀니스를 할 수 있습니다.

앞서 설명한 호흡법은 별도로 시간을 내서 해야 하지만, 지금부터 소개하는 방법들은 우리가 일상생활 속에서 할 수 있는 것들입니다.

엘리베이터 앞에서 찾는 평온의 순간

직장인들은 하루에 4~5번은 엘리베이터를 이용하기 위해 앞에서 기다려야 하는 시간이 있습니다. 짧게는 34초, 길게는 30~50초 동안 엘리베이터를 기다려야 합니다. 이때를 활용하여 지금 여기에 있는 것입니다.

생각에 사로잡혀 있지 않고 기다리는 동안 멈춰 서서 호흡을 알아차리며 있든지 아니면 발바닥이 바닥에 닿은 느낌에 주의를 두는 것입니다. 서 있는 자세에서 몸의 중심을 조금 움직여 보면서 발바닥으로 힘이 전달되는 부위를 느껴 보면서 마인드풀니스를 할 수 있습니다.

화장실에서 경험하는 순수한 감각의 세계

근무 중 화장실에 가서도 할 수 있습니다. 화장실에서 손을 씻는 동안 수돗물이 내 손에 닿는 느낌, 비누칠하면서 느껴지는 손안의 감각을 느끼는 것입니다. 마치 어린아이가 수돗물로 손을 닦을 때처럼 비누의 미끄러운 감촉, 수돗물 소리 등을 호기심을 갖고서 처음 경험하듯이 느끼는 것입니다.

⑧ 나만의 마인드풀니스 루틴 만들기

이렇게 하루 일상 중 반복되는 행동 중에서 몇 가지를 선정해서 그 행동을 할 때마다 나만의 마인드풀니스를 일상생활 중에서 연습하면 좋습니다. 어떤 사람은 출근할 때 차를 타고 나서 시동 걸기 전 30초를 이용하기도 하고, 어떤 이는 핸드폰을 사용하기 전 10초 동안 시간을 내서 잠시 마인드풀니스를 연습합니다.

또는 사무실에 앉아 업무 시작하기 전에 20초 정도라도 잠시 눈을 감고 내 호흡이나 몸 안의 감각에 의식을 두는 것도 할 수 있습니다. 무수히 많은 하루 일상 행동 중에서 2~3가지를 선택하여 연습하면 생활 속의 루틴, 습관이 되어 좋습니다.

작은 시작이 만드는 큰 변화

이렇게 일상에서 연습을 하다가 마인드풀니스의 좋은 점들을 직접 체험하게 되면, 아침이나 자기 전에 10~30분 정도 별도 시간을 할애하여 꾸준히 연습하면 더욱 좋습니다. 작은 변화가 모여 큰 변화를 만들어냅니다. 바쁜 일상 속에서도 잠시 멈춰 서서 나 자신과 만나는 이 소중한 시간이 당신의 삶에 평온과 균형을 가져다줄 것입니다.

진정한 나와의 만남

마인드풀니스를 통해 변화하는 마음을 알아차리다 보면, 어느새 마음이 평온하고 행복해지며 세상 사물이 명징하게 보입니다. 그리고 변하지 않는 원래 있었던 내면의 존재를 알아차리게 됩니다. 이것이 바로 진정한 내가 누구인지를 경험하는 순간입니다.

8) 명언 및 사진 활용

습관에 대한 책을 쓴 찰스 두히그(Charles Duhigg)는 책 『The Power of Habit』에서 좋은 행동을 습관으로 만들기 위해서는 행동 의도, 자극, 일상생활 중 루틴으로 만들기 및 보상 4가지를 중요한 요소로 설명하고 있습니다.

이는 단순히 좋은 습관을 기르는 것을 넘어서, 우리가 어려운 시기를 헤쳐나가는 회복력을 기르는 데에도 똑같이 적용됩니다. 특히 30-40대 직장인들에게는 바쁜 일상 속에서도 자연스럽게 회복 행동을 실천할 수 있는 시스템이 필요합니다.

기억을 불러일으키는 일상의 자극물들

회복력을 되찾기 위한 행동을 습관으로 만들기 위해서는 앞서 나에게 유용한 방법들을 기억하기 위한 자극물을 만들 필요가 있습니다. 즉 나의 회복에 도움이 되는 나에게 공감되는 구절이나 사진 등, 회복력에 필요한 것들을 내가 기억할 수 있도록 일상에서 자주 접하는 곳에 두는 것입니다.

그래서 그 자극물들을 볼 때마다 회복에 도움되는 행동을 기억하여 꾸준히 회복 훈련을 실행할 수 있도록 돕는 것입니다. 그 자극물은 사진 또는 그림일 수도 있고 명언일 수도 있습니다.

마음을 다스리는 지혜의 말씀

개인적인 경험을 나누자면, 불교의 보왕삼매론 중 한 구절인 "세상살이에 곤란함이 없기를 바라지 말라. 세상살이에 곤란함이 없으면 업신여기는 마음과 사치한 마음이 생기나니, 그래서 성인이 말씀하시기를 근심과 곤란 속에 유유자적하라고 하셨느니라."를 글로 써서 서재에 걸어 두고, 마음이 힘들 때마다 바라보면서 마음을 다스리며 회복력을 키웠습니다.

3. 잠 자기

힘든 일이 생겨 스트레스를 받으면 잠을 제대로 자기 어렵습니다. 침대에 누워도 앞으로 닥쳐올 걱정스러운 사건들에 대한 생각 때문에 잠이 쉽게 오지 않습니다. 힘들게 잠이 들어도 한밤중에 깨어나서 다시 잠이 오지 않아 이리저리 침대에서 뒤척입니다. 어쩌다 다시 자더라도 아침에 일어나면 몸은 개운치 않고 머리는 무겁습니다.

이렇게 수면을 충분히 취하지 못하면 힘든 문제에 대해 판단력은 흐려지고, 부정적 생각들은 꼬리를 물고 떠올라서 더욱 마음이 힘들어져 잠을 못 자는 악순환에 빠지게 됩니다.

현대인의 공통된 고민, 수면 부족

아마 수백 년 전만 해도 사람들에게 잠자는 것이 큰 문제가 되지는 않았을 것입니다. 하지만 지금은 세계 인구의 2/3가 WHO가 권고한 하루 8시간을 자지 못해 수면 부족 상태이며, 성인 35%는 불면증에 시달리고 있다고 합니다.

우리나라에서는 수면 장애로 유명 연예인이나 재벌 자제들이 병원에서 사용하는 프로포폴을 불법으로 사용해서 사회적으로 문제가 되고 있습니다. 우리 같은 보통 사람들도 누구나 할 것 없이 골치 아픈 문제들로 잠을 제대로 자지 못해 고생한 경험이 있습니다.

수면, 단순한 휴식이 아닌 생존의 필수 요소

우리는 수면을 직장 업무나 또는 나의 취미 활동을 위해 언제든지 희생할 수 있는 것 정도로 생각합니다. 하지만 과학적 연구는 수면 부족이 우리 업무 생산성은 물론이고 고혈압, 당뇨, 비만, 치매 등 우리 몸에 여러 가지 질환을 일으킨다고 경고하고 있습니다. 수면이 생각보다 우리 건강에 미치는 영향은 큽니다.

허핑턴 포스트를 창업한 아리아나 허핑턴(Arianna Huffington)은 허핑턴 포스트 편집장에서 물러나 현재 수면의 중요성을 세계에 널리 알리는 운동을 하고 있습니다. 우리가 예기치 않은 일을 당했을 때, 이를 극복하기 위해서는 충분한 에너지 확보에 필요한 수면이 더욱 중요합니다.

하지만 스트레스를 받으면 걱정, 불안, 두려움 등으로 오히려 충분한 수면을 취하지 못해 몸과 마음이 더욱 힘들어집니다. 따라서 어려운 일에 닥쳐서는 충분한 수면을 취하도록 노력해야 합니다.

미국 수면의학회가 권하는 9가지 건강한 수면법

미국 수면의학회가 권하는 건강한 수면 방법을 소개합니다.

1. 규칙적인 수면 패턴이 기본

정해진 시간에 자고 일어나며 최소한 7시간은 자십시오.

2. 잠자리 루틴의 힘

수면의 중요성을 알고 잠자는 루틴을 만드십시오. 예를 들어, 잠자기 전에 늘 독서나 음악 청취, 명상 등 규칙적인 행동 패턴을 만들어서 매일 반복하십시오. 대신에 독서, 음악 내용은 편안한 주제로 선택하십시오. 전화 등 대화도 심각한 주제는 잠들기 한 시간 전에 끝내십시오.

3. 억지로 잠들려 하지 마세요

만약 졸리지 않으면 억지로 잠을 청하지 마십시오.

4. 20분 규칙의 실천

20분 이상 잠자려고 해도 잠들지 않으면 차라리 침대에서 나와 복잡하지 않은 단순한 행동; 화분에 물주기, 빨래 개기, 음악 감상 등을 하십시오.

5. 최적의 수면 환경 조성

침실을 편안하게 하고 잡음을 방지하고 빛을 차단하십시오.

6. 디지털 디톡스 시간

잠자기 전 한 시간은 핸드폰 등 빛이 나오는 전자기기 사용을 금하십시오.

7. 잠들기 전 음식과 알코올 피하기

잠들기 전 음식이나 알코올은 피하십시오.

8. 수분 섭취의 타이밍

수면 중 화장실 가는 횟수를 줄이기 위해 가급적 저녁 식사 후 음료 섭취를 줄이십시오.

9. 건강한 생활습관의 뒷받침

규칙적 운동을 하고 건강식을 하십시오.

우리 몸의 자연스러운 리듬, 생체시계

우리 몸에는 생체시계가 있어서 잠을 유도하는 멜라토닌 호르몬을 오후 10시경부터 많이 배출하기 시작해서 오전 2시경에 피크를 이루고 오전 7시경에 급격히 줄어든다고 합니다. 따라서 잠을 잘 자려면 몸의 생체시계에 맞추어서 멜라토닌 분비가 많아지기 시작하는 오후 10시와 오전 12시 사이 시간대에 자는 것이 좋다고 알려져 있습니다.

블루라이트, 현대인의 잠을 방해하는 주범

잠자기 전에 가급적 핸드폰이나 노트북 사용을 하지 않는 것이 좋은 이유는 여기서 나오는 블루라이트가 멜라토닌 분비를 억제하는 경향이 있기 때문입니다. 충분한 수면은 어려운 시기를 견뎌내는 가장 기본적이면서도 강력한 회복의 도구입니다. 오늘 밤부터 당신의 수면을 소중히 여기세요.

아침 코티졸의 비밀: 왜 아침이 우울할까?

생체리듬과 관련하여 알아 두면 좋은 한 가지 과학적 사실이 있습니다. 아침에 일어났을 때 스트레스 받으면 나오는 코티졸 호르몬이 많이 분비된다는 사실입니다. 이는 잠을 자는 동안 혈당이 낮아지기 때문에 혈당 촉진을 위해 코티졸이 분비되는데, 그 여파로 우리 기분이 아침에 일어났을 때 좀 다운될 수 있다는 사실입니다.

따라서 아침 기상 후 바로는 가급적 가족과의 대화에서도 조심하고 여러 소식을 전하는 핸드폰이나 신문도 멀리해서 새로운 아침을 우울하게 시작하지 않도록 주의할 필요가 있습니다.

긍정적 사고의 놀라운 힘

수면학자들은 스트레스가 생기면 잠을 잘 못 자는 현상을 연구하면서 스트레스가 발생하면 부정적 생각이 자꾸 들어서 결국 수면을 방해하는 것으로 밝혀냈습니다. 즉 예기치 않은 일이 발생되어 스트레스를 받으면 그 일에 대한 부정적 생각이 반복적으로 일어나서 수면을 방해한다는 것입니다.

그래서 긍정적 사고를 가진 사람들은 같은 스트레스를 받더라도 74%나 적게 불면증을 경험한다고 합니다. 따라서 힘든 상황에 놓여서 잠자기 어려운 경우가 발생할수록 의식적으로 긍정적 생각을 해야 불면증에서 벗어날 수 있습니다.

마인드풀니스로 부정적 생각과 거리 두기

불면증 극복에는 앞서 설명한 마인드풀니스도 효과가 있습니다. 마인드풀니스를 하면 나에게 떠오른 부정적 생각과 동일시된 상태로부터 벗어나서 생각을 객관적으로 지켜볼 수 있습니다. 즉 부정적 생각이 내 의식에 떠오르는 많은 생각 중 하나일 뿐 그 생각이 내가 아니라는 것을 직접적으로 경험할 수 있습니다.

하늘에 먹구름이 있다고 할 때 지금 내 마음의 부정적 생각은 하늘의 먹구름과 같습니다. 비록 지금은 그 먹구름이 태양을 가려서 어둡지만, 시간이 지나면 그 구름은 지나가서 다시 주변이 밝아진다는 사실입니다. 아니, 사실은 저 먹구름 위에도 태양은 언제나 밝게 빛나고 있다는 사실에 대한 자각이 생깁니다. 자기 전 10분 정도라도 꾸준히 마인드풀니스 훈련을 하면 수면에 도움을 줍니다.

우리 몸의 지혜: 항상성의 힘

또 한 가지 수면과 관련하여 기억해야 될 과학적 사실은 우리 몸에는 항상성(homeostasis) 유전자가 있어 수백만 년간의 진화 과정을 통해 변화에 성공적으로 적응해 왔다는 것입니다. 이런 항상성을 관장하는 몸 기관이 자율신경이며 우리 수면도 자율신경이 관리합니다.

즉 우리가 몸의 신호를 무시하지 않는다면, 몸은 알아서 전날에 잘 자지 못한 잠을 자율신경을 통해 그다음 날 오랫동안 잠을 자도록 기능합니다. 단지 우리가 할 일은, 몸이 알아서 그런 기능을 잘 할 수 있도록 도와주기 위해 몸이 보내는 신호를 무시하지 않는 것입니다.

그리고 잠을 제대로 못 자서 일상생활이 힘들더라도, 불면증에 대해 너무 걱정하고 불안해하면 그 걱정 자체가 오히려 수면을 방해합니다. 그러니 수백만 년 동안 성공적으로 진화해 온 우리 몸의 자율신경을 믿고 수면을 몸에 맡겨야 합니다. 수면은 우리가 인위적으로 제어할 수 있는 것이 아닙니다. 그저 우리 자율신경이 제대로 작동할 수 있도록 위에 미국 수면의학회가 제안한 것들을 실천하는 것이 중요합니다.

M&A 과정에서 겪은 불면증과 극복

대표이사로서 어느 회사를 M&A 할 당시의 일입니다. 인수하는 회사의 인재들은 잘 유지하고 대신에 업무에 중첩이 되는 사람들은 내보내야 하는 어려운 일을 하는 것이 M&A 과정에서 대표이사가 할 중요한 일입니다.

그런데 합병 발표 후 한 달이 지나자 상대 회사의 A급 인재 3명이 퇴사하겠다고 사직서를 가져왔습니다. 이미 우리 회사에는 뛰어난 사람들이 많아서 본인이 새롭게 합병하는 회사에서 능력을 발휘하기에는 적절치 않다는 것이 이유였습니다. 필요한 인재라 관련 부서 임원과 내가 달라 붙어서 설득했지만 요지부동이었습니다.

그런데 며칠 지나자 또 다른 A급 인재 5명이 또 사직서를 제출했습니다. 전문 마케팅 회사로서 사람이 중요 자산인데 어렵게 인수 합병 후 우수 인재들이 빠져나가면 합병 효과가 크게 없어지는 상황이었습니다.

잠 못 이루는 밤의 악순환

인재 탈출 이슈로 고민이 되어 자다가도 한밤중에 잠에서 깨어났습니다. 한 번 잠이 깨면 다시 잠이 오지 않아 동이 틀 때까지 침대에서 엎치락뒤치락하며 보냈습니다. 이렇게 며칠을 지내자 이젠 잠자는 것 자체가 스트레스였습니다. 밤에 침대에 누우면 오늘 또 잠이 안 오면 어떻게 하나라는 불안한 생각에 오히려 잠이 들지 않았습니다.

간신히 잠이 들었다가도 몇 시간 되지 않아 다시 깨어났습니다. 회사의 인재 이슈로 고민하고 걱정하다가, 이젠 잠 못 자는 것 자체가 또 하나의 걱정거리가 되었습니다. 그야말로 악순환이었습니다.

수면제의 한계와 새로운 깨달음

병원에 가서 수면제를 처방해서 먹었습니다. 그랬더니 잠은 전보다 잘 드는데 도중에 잠이 깨는 것은 여전했고 한 번 깨면 다시 잠에 들기가 어려웠습니다. 잠을 잘 자기 위해 수면에 관한 공부를 직접 하기로 하였습니다.

그러다가 수면이 우리 몸의 자율신경에 의해 조절되는 것이며 자기 의지로 잠을 통제하고자 심하게 관심 갖고 신경 쓰는 것 자체가 오히려 수면을 방해한다는 사실을 배웠습니다. 그래서 잠에 대해 내 의지를 내려놓고 완전히 내 몸에 맡기기로 하였습니다.

첫날 밤이었습니다. 역시 잠을 자다 한밤중에 깨었습니다. 하지만 이번에는 걱정하지 않고 내 몸에 맡기기로 했습니다. 몸이 알아서 필요하면 깨어 있을 것이고 또 잠을 자게 할 것이라 믿었습니다. 도중에 깨는 것을 두려워하지 않았습니다. 그랬더니 나도 모르게 오랜만에 다시 잠을 잘 수가 있었습니다.

통제의 환상에서 벗어나기

우리는 모든 것을 통제하고 싶어 합니다. 내 마음대로 주변 상황이 되지 않을 때 불안해하고 두려워합니다. 근데 냉정하게 따져 보면 세상에 내 마음대로 통제할 수 있는 것이 얼마나 될까요? 출근 교통 상황? 정치 상황? 자식? 배우자? 회사 직원들? 아니면 내 마음? 모든 것들이 그렇게 쉽지가 않습니다.

내 몸은 어떤가요? 몸은 알아서 더우면 땀을 내보내어 체온을 낮추고 추우면 떨면서 체온을 올립니다. 호르몬이나 신경물질을 배출하여 혈압, 혈당, 기분 등을 조절하여 상황에 맞게 적응하게 도와줍니다. 몸은 내가 알고 있는 과학적 지식의 수백만 배나 더 잘 알아서 스스로 조절합니다.

태어나서 지금까지 나를 지켜 온 내 몸의 능력에게, 조그만 힘든 상황에도 흔들리는 내 마음보다도 더 신뢰를 주는 것이 지혜로운 것이 아닐까요?

충분한 수면은 어려운 시기를 견뎌내는 가장 기본적이면서도 강력한 회복의 도구입니다. 오늘 밤부터 당신의 수면을 소중히 여기고, 무엇보다 당신의 몸이 가진 놀라운 치유력을 믿어보세요.

4. 직장에서의 휴식법: 바쁜 일상 속 회복의 기술

내 몸과 마음의 충전은 휴가를 받아 멀리 여행을 떠나야만 가능한 것일까요? 그렇지 않습니다.

함께 일했던 팀장 중에 논리가 뛰어나고 클라이언트로부터 만족도가 높은 친구가 있었습니다. 근데 문제는 몸이 자주 아프고 정신적으로도 힘들어해서 병원 치료를 받고 있었습니다. 7~8년 함께 일하고 잘 알고 지내던 팀장이라 육체적으로, 정신적으로 어려움을 겪고 있는 것을 알고는 개인적으로 안타까운 마음을 갖고 있었습니다.

그런데 그 팀장을 관찰해 본 결과 업무에 몰입하다가 나름대로 휴식 시간을 가지는데 그때 꼭 혼자 담배를 피우면서 핸드폰으로 뉴스를 보거나 SNS를 하는 것이었습니다. 몸과 마음이 힘든 사람이 본인도 휴식하겠다고 하며 쉬는 시간에 저렇게 담배를 피우고 핸드폰으로 SNS를 하면서 뇌를 다시 사용하고 있는데 정말 휴식하고 있는 것인가 하는 의문이 들었습니다.

그래서 쉬는 방법을 바꾸어 볼 것을 권해 보았지만 습관이기에 이게 더 편하다고 받아들이지 않았습니다. 몇 달 지나자 안타깝게도 스스로 지쳐서 더 이상 회사 근무가 어려워 휴직하게 되었습니다.

내적 회복과 외적 회복의 과학

프레드 질스트라(Fred Zijlstra)는 직장인들이 회복하는 방법으로 내적 회복과 외적 회복을 구분해서 설명하고 있습니다. 회사에서 휴가를 받아 장기간 쉬거나 또는 주말을 이용해서 쉬는 것을 외적 회복이라 하고, 회사에 근무하면서 틈틈이 쉬는 것을 내적 회복이라 구분했습니다.

우리 뇌도 어느 정도 일한 후에는 반드시 휴식을 주어야 합니다. 우리는 휴식하면 휴가를 받아서 장기간 쉬는 외적 회복만을 생각하는데, 업무 생산성이나 우리 뇌 효율성을 위해서는 하루 중 회사에서 업무를 하면서도 틈틈이 쉬는 내적 회복을 잘 해야 합니다.

다음에는 하루 중 회사에서 근무하면서 효과적으로 내적 회복하는 방법에 대해 설명합니다.

가. 에너지 사용을 미리 계산하고 휴식을 설계하라

우리는 대개 하루 업무 계획은 짜지만 휴식 시간은 계획하지 않습니다. 그렇기 때문에 업무 효율성도 떨어지고 휴식 효율성도 없습니다. 어떤 업무는 쉽게 처리해 나갈 수 있는 반면에 어떤 이슈들은 골치 아프고 머리가 지끈거립니다. 즉 우리 뇌 에너지를 많이 소모해야 되는 일인 것입니다.

하루 업무를 효율적으로 하고 싶다면 하루 업무 일정표를 계획할 때 적절한 휴식 시간도 고려하여야 합니다. 휴식이 반드시 한 시간 이상일 필요는 없습니다. 상황에 따라서 5분이라도 짬을 내어 뇌에게 휴식을 주어야 다음 업무도 효율적으로 진행할 수 있습니다.

학교에서도 60분이나 90분 수업 후에 반드시 10분이든 20분이든 휴식 시간이 있습니다. 왜 그럴까요? 그래야만 뇌가 휴식을 갖고 학습을 효율적으로 계속해 나갈 수 있기 때문입니다. 하루 일과표에 틈틈이 10분씩이라도 휴식 시간을 넣어야 합니다.

나. 핸드폰의 지배에서 벗어나기

어느 연구에 의하면 한국 사람들은 하루 중 핸드폰 이용 횟수가 2022년 기준으로 약 200회 그리고 시간으로는 약 4시간을 쓰고 있다고 합니다. 업무 중 휴식 시간에 핸드폰으로 SNS를 하는 것은 결코 휴식이 될 수 없습니다. 습관적으로 틈이 나면 핸드폰을 들여다보는 중독행위는 뇌가 휴식하는 데 큰 차질을 줍니다.

더구나 메시지 알림 장치를 해서 업무 중에 그 알림 소리에 업무 흐름이 깨지면 업무 효율성은 더욱 낮아집니다. 따라서 핸드폰 사용 시간을 미리 계획해서 2시간 또는 3시간마다 SNS 체크를 한다든지 계획적으로 사용할 필요가 있습니다

핸드폰 중독의 심각한 부작용

그렇지 않으면 자기도 모르게 여기저기 사이트를 옮겨 다니면서 소중한 시간을 죽이고, 알림 소리에 하던 업무를 멈추고 메시지를 확인하느라 업무 생산성도 낮추고 뇌도 혹사하게 됩니다.

핸드폰은 생활에 정말 편리한 도구이지만 잘못 사용하면 큰 부작용을 가져오기도 합니다. 성신여대 서수연 교수가 미국 수면학회 학술지 'Sleep'에 기고한 바에 따르면, 핸드폰 사용으로 잠자는 시간이 습관적으로 늦어지면 수면장애뿐만 아니라 우울, 불안 등 정신건강 문제가 야기돼 결과적으로 삶의 질이 크게 떨어질 수 있다고 경고하고 있습니다.

다. 사무실 밖에서 새로운 에너지 만나기

여행을 가면 좋은 이유가 여러 가지가 있겠지만 우리가 사는 곳과 다른 에너지를 만나기 때문에 새로운 시각을 가질 수 있기 때문이기도 합니다. 장소마다 거기에서 나오는 분위기가 있고 에너지가 있습니다. 사무실 분위기와 에너지가 명동 성당과 다른 것을 우리는 느낄 수 있

습니다. 성당이나 절에 들어가면 나도 모르게 엄숙해지고 경건한 마음이 우러나옵니다.

일하는 사무실은 일하는 곳이기에 그 장소에 고유한 에너지가 있습니다. 따라서 업무 중 휴식을 원한다면 5분이라도 사무실을 나가서 신선한 공기를 마시고 하늘을 바라보며 다른 에너지를 접하는 것이 좋습니다. 시간 여유가 있어 10분이라도 걸을 수 있다면 더욱 좋습니다. 앞서 설명하였듯이 자연은 우리에게 휴식 에너지를 줍니다.

라. 사무실에서 하는 마인드풀니스

사무실 책상에 앉아서 눈을 감고 3~5분 정도 호흡법이든 자기 나름 방법으로 마인드풀니스를 하는 것입니다. 복잡한 업무 이슈를 잠시 내려놓고, 지금 여기의 현존감(presence)을 느껴 봅니다. 짧은 시간의 마인드풀니스라도 뇌에 휴식을 줄 뿐만 아니라 기존 생각 패턴에서 벗어나서 새로운 아이디어를 얻는 데도 도움을 줍니다.

바디 스캔으로 몸의 목소리 듣기

중요 업무를 시작하기 전에 눈을 감고 몸 전체를 순서대로 느껴보는 바디 스캔(body scan)도 좋습니다. 우리 몸은 교감신경과 부교감신경이라는 자율신경 시스템에 의해 자동적으로 환경 변화에 맞춰서 조절되고 있습니다.

예를 들어 날씨가 더우면 체온 유지를 위해 땀구멍을 열어서 수분을 내보냄으로써 체온을 낮춥니다. 마찬가지로 스트레스로 목이 긴장되어 있다면 그런 긴장을 잘 느껴 주면 몸이 알아서 부교감신경을 통해 필요한 물질을 해당 부위에 보내서 긴장을 완화시켜 준다고 합니다.

자기 인식이 변화의 출발점

이 책의 앞 부분에서 언급하였듯이 어떤 변화를 하고자 할 때 출발점은 항상 자기 인식입니다. 어떤 상황에 대한 정확한 인식으로부터 개선이 시작될 수 있는 것입니다.

따라서 오후에 10분 정도 시간을 내어 사무실 의자에 앉아 눈을 감고 내 주의를 내 몸 구석구석으로 가져가 봅니다. 그때 느껴지는 몸의 통증이나 긴장 등 감각들을 느껴지는 대로 받아들이며 느낍니다. 그리고 심하게 느끼면 적절한 스트레칭을 하든지 아니면 물리치료 등 필요한 조치를 취할 수가 있습니다.

너무 늦어 큰 병이 되어서 고치느라 많은 시간과 돈을 들이기 전에 먼저 자각 증세가 있는 초기에 스스로 대응해야 현명한 행동일 것입니다.

마. 걱정과 근심을 관리하는 메모장 활용법

회사 일을 하면서 정말 우리를 힘들게 하는 것은 일 자체보다는 일과 관련된 걱정, 근심, 불안 등 스트레스입니다.

"임원이 보고 내용을 못마땅하게 생각하면 어쩌지?"

"이달 매출 목표를 못 맞출 것 같은데 어떻게 해야 하나?"

"지금 작성하고 있는 제안서가 경쟁에서 떨어지면 어쩌지?"

업무를 하면서도 수시로 이런저런 걱정들이 떠올라서 일을 방해하고 정신적 에너지를 소모하게 만듭니다.

걱정 메모장의 실용적 활용법

'걱정해서 걱정이 해결된다면 걱정이 없겠다'라는 농담을 책에서 읽은 적이 있습니다. 부질없는 걱정, 불안들은 정말 현대인들의 병입니다.

이런 걱정, 불안한 생각들이 떠오르면 별도의 메모지를 마련해서 이를 적어 놓습니다. 그리고 이런 걱정거리들은 현재 업무를 끝내고 적절한 시간에 다룰 것임을 스스로 확인함으로써 마음을 안심시킬 필요가 있습니다.

그래서 쓸데없이 수시로 떠오르는 근심으로 시간 낭비하는 것을 줄이고, 내 주의를 현 업무에만 집중함으로써 업무 생산성을 높일 수 있습니다. 물론 실제로 현재 업무를 끝내고는 적절한 시간에 메모지에 적어 둔 걱정들에 대한 현실적 대안들을 생각하는 시간을 별도로 가져야 합니다.

진정한 휴식은 멀리 떠나는 여행에서만 찾을 수 있는 것이 아닙니다. 바쁜 일상 속에서도 잠시 멈춰 서서 나 자신을 돌보는 작은 실천들이 모여 우리의 회복력을 키워갑니다.

오늘부터 당신의 일정표에 휴식 시간을 넣어보세요. 핸드폰을 잠시 내려놓고 사무실 밖으로 나가 깊게 숨을 쉬어보세요. 몸의 목소리에 귀 기울이고, 걱정을 정리해보세요. 이 작은 변화들이 당신의 하루를 더욱 효율적이고 평온하게 만들어줄 것입니다.

4장

다시 일어서기의 계획

“가장 큰 영광은 한 번도 넘어지지 않는 것이 아니라,
넘어질 때마다 다시 일어서는 데 있다.”

- 넬슨 만델라

지금까지 다시 일어서기 위한 여러 가지 방법들을 소개하였습니다. 그중에는 개인적으로 과거에 해 보았던 방법도 있었을 것이고 아니면 처음 보는 방법도 있을 것입니다. 이 중에서 현재 내가 해 보고 싶은 방법을 선택해서 시도해 보기를 권합니다. 사람마다 어려움의 정도 및 상황이 각각 다르기 때문에 자기에 맞는 방법을 선택해서 시도해 보는 것이 중요합니다. 어떤 사람에게는 효과가 있어도 나에게는 맞지 않는 방법이 있기 때문이지요.

이번 장에서는 루신다 풀(Lucinda Poole) 박사와 휴고 알버트(Hugo Alberts) 박사의 긍정 심리학 툴키트에 있는 회복력 계획 작성서 방법 4S를 소개합니다. 4S란 영어로 Supportive people/조력자, Strategies/전략, Sagacity/지혜, Solution seeking behavior/문제해결 행동의 앞 글자 S 4개를 뜻합니다.

현재의 회복력 계획 작성을 하기 전에, 먼저 과거 내가 어려움을 이겨 냈던 상황을 회상해 보면서 그 당시 나에게 잘 맞았던 회복 방법들을 검토하여 현재의 어려움에 다시 활용해 볼 수 있습니다.

1) 지금까지 살면서 가장 힘들었던 상황을 아래에 적어 봅니다. 병에 걸려서 힘들었을 수도 있고 입시에 낙방해서 좌절감에서 한동안 어려움을 겪었을 수도 있고 또는 승진에서 누락되어 패배감이나 열등감에 사로 잡혀 있었을 수도 있었을 것입니다. 솔직하게 본인의 상황을 아래에 적어 봅니다.

---

2) 조력자(Supportive People): 그 당시 상황을 극복하는 데 당신에게 힘이 되었던 사람들은 누구였나요? 친구, 동료, 학교 선생님, 교회 선배 등 다시 일어서는 데 도움을 주었던 사람들을 다음 페이지 4분면 중 조력자(Supportive people) 란에 적어 봅니다.

3) 전략(Strategies): 힘든 상황에서 벗어나기 위해 본인이 활용해서 도움을 받았던 것들은 어떤 것들이었나요? 예를 들어, 산행, 여행, 심리 상담, 요가, 친구와 놀기, 일기 쓰기, 음악 감상, 지인 면담 등 본인에게 효과적이었던 것들이 어떤 것들이었는지 다음 페이지 전략(Strategies)에 적어봅니다.

4) 지혜(Sagacity): 내가 어려움에서 다시 일어서는 데 도움을 주었던 지혜/가치/의미는 어떤 것들이었나요? 어떤 사람은 팝송 let it be

라는 제목을 기억하며 괴로움을 이겨 내기도 하고, 어떤 사람은 성경 욥기 '나를 단련하신 후에 내가 정금같이 나오리다'라는 구절을 되뇌며 역경을 헤쳐 나가기도 합니다. 또 어떤 사람들은 함께 있어주는 배우자나 자식들의 가족이 힘이 되어 극복해 나가기도 합니다. 내가 어려움에서 극복할 수 있었던 가치나 의미, 격언들을 다음 페이지 지혜(Sagacity)에 적습니다.

5) 문제해결 행동(Solution-seeking behaviors): 과거 어려운 상황에서 문제들을 해결하는 데 도움이 되었던 실제적인 행동들은 어떤 것들이었나요? 어떤 사람들은 직장을 얻기 위해 과거 직장 선배들을 만나서 구직 정보를 얻거나 도움을 청하기도 하고, 어떤 이들은 복잡한 대인관계에서 그동안 참기만 했던 자신의 목소리를 적극적이면서도 건설적으로 표현해서 상대방이 자신의 입장을 이해하도록 했을 수도 있습니다. 이렇게 과거에 구체적으로 문제해결을 위해 취했던 행동들을 다음 페이지 문제해결 행동(Solution-seeking behaviors) 란에 적습니다.

과거 다시 일어섰던 경험 성찰

조력자(Supportive People):	전략(Strategies):
지혜(Sagacity):	문제해결 행동(Solution-seeking Behaviors):

현재 다시 일어서기 계획서 작성

과거 어떻게 어려움을 이겨 냈는지를 성찰해 보았으면 이제 현재의 어려운 상황에 대해 어떻게 다시 일어설 것인가를 작성해 봅니다.

1) 현재 내가 직면하고 있는 어려움을 아래에 적어 봅니다.

____

____

____

이미 적어 놓은 과거 극복 경험 성찰에서 조력자, 전략, 현명, 문제 해결 행동들을 읽어 보며 현재 어려움에 적용해도 좋을 것들을 생각해 봅니다.(다음 페이지에 작성)

2) 조력자(Supportive People): 현재 상황에서 나에게 힘이 되어줄 사람은 누구누구일까요? 다음 페이지 조력자(Supportive people) 란에 적습니다.

3) 전략(Strategies): 이 상황을 극복하기 위해 나에게 도움이 될 방법들은 어떤 것들이 있을까요? 과거 경험뿐만 아니라 새로운 방법들도 생각해서 나에게 효과적일 방법들을 다음 페이지 전략(Strategies) 란에 적습니다.

4) 지혜(Sagacity): 현재 나에게 힘을 주고 이겨낼 수 있도록 격려해 주는 격언, 지혜/의미/가치의 말이나 구절 또는 나에게 힘을 주는 그림, 사진 등은 어떤 것들이 있을까요? 다음 페이지 지혜(Sagacity) 란에 적습니다.

5) 문제해결 행동(Solution-seeking behaviors): 지금 상황에서 문제들을 해결하기 위해 내가 구체적으로 취해야 할 행동들은 어떤 것들이어야 할까요? 다음 페이지 문제해결 행동(Solution- seeking behaviors) 란에 적습니다.

현재 다시 일어서기 계획 작성

조력자(Supportive People):	전략(Strategies):
지혜(Sagacity):	문제해결 행동(Solution-seeking Behaviors):

나가며

시인은 대추 한 알에도 태풍 몇 개, 천둥 몇 개, 번개 몇 개가 들어 있다고 했습니다. 하물며 한 인간이 성숙해지는 데 어찌 어려움이 없겠습니까? 인간 가슴속에는 좌절감 몇 킬로그램, 두려움 몇 킬로그램, 실패 수백 개가 들어 있을 것입니다. 누구나 머리로는 이해가 되지만 실제 내가 넘어져서 좌절하고 두려움에 사로잡히면 그런 생각은 어디론가 사라지고 깜깜한 밤길을 나 혼자 걷는 것처럼 외롭고 힘든 법입니다.

그렇지만 누구나 그렇게 넘어졌다가 다시 일어서면 대추 한 알 시인의 마음을 공감하며 고개를 끄덕이게 됩니다. 사실 우리는 이미 다 알고 있습니다. 살면서 걷다가 넘어지고 다시 걷고 다시 일어서고…. 이게 삶이고 이러면서 성장한다고….

이 책 원고 작성을 끝내고 난 후 2023년 12월에 허리에 심한 통증을 느꼈습니다. 동네 의원에서 대상포진이라고 해서 그런 줄 알았습니다. 그런데 통증은 한 달이 지나도 사라지지 않았습니다. 그래서 종합병원을 가니 당장 입원하라는 얘기를 듣고 얼떨결에 응급실에 입원했습니다. 4일 동안 여기저기 검사를 하더니 입원실에 누워있는 나에게 처음보는 의사가 와서 "다발골수종이라는 혈액암 일종이라는 병에 걸렸으니 항암치료를 받아야 한다"는 얘기를 하였습니다. 당장 입원해야 된다는 응급실 의사 말에 심상치 않은 병임을 예감은 했지만, 처음 들어 보는 혈액암 이름을 듣고는 아무런 생각이 들지 않고 정신이 나가 멍하니 있었습니다. 미처 정신차리기도 전에, 의사는 이 병이 예전에는 생존율이 낮았지만 최근에는 새로운 신약 개발로 생존율이 높아졌다고 위로 아닌 위로를 해 주었습니다. 의사가 나간 후 입원실에서 누워서 '아니 내가 왜 암에 걸렸지, 왜 내가?', '술, 담배도 안 하고 남들에게 악한 일도 하지 않았는데~', '뭐가 잘못된 것은 아닐까?', '다른 병원에 가볼까?' 별의별 생각이 다 들었습니다. 이렇게 쇼크 속에서 분노와 두려움에 며칠을 보냈습니다. 하지만 마음 깊은 곳에서는 이 상황을 받아들여야 한다는 소리가 있었습니다. 그래서 그 후 9개월 동안 항암 치료 7차례를 받으면서 내가 얼마 전에 작성해 두었던 『다시 일어서기』의 원고를 읽었습니다. 항암치료에 몸과 마음이 힘들고 불안할 때마다 내가 쓴 원고를 다시 읽으니 마음이 새로워짐을 느꼈습니다. 회복력 향상을 위해 출판하려고 써 두었던 글들이 바로 나 자신을 위한 것이 되었습니다. 한 문장 한 문장을 읽으면서 나의 현실을 받아들이고 분노, 두려움, 불안의 감정들을 노트에 적으면서 부정적 마음들을 뱉어내었습니다.

내가 이 책에 쓴 것처럼, 인생은 우여곡절의 연속임을 내 삶을 통해, 다시금 확인할 수 있었습니다. 그리고 다시 일어나는 방법도 이 책 원고를 읽으며 실천하였습니다. 암 발병 후 2년이 지난 현재는 암 세포가 사라졌고 재발 방지를 위해 노력하고 있습니다.

넘어졌을 때 우리에게 필요한 것은 이미 알고 있는 것을 다시 기억해 내는 것이라 생각합니다. 책 내용 중에 새로운 것은 별로 없습니다. 이 책이 언젠가 여러분이 넘어졌을 때 이미 알고 있는 것을 다시 기억해 내는 데, 그래서 다시 일어서는 데 도움이 되기를 바랍니다.

참고문헌

1. 엘리자베스 퀴블러-로스(2006). 인생수업, 도서출판 이레, 서울.

2. https://www.psychologytoday.com/us/articles/200306/our-brains-negative-bias.

3. https://www.weforum.org/agenda/2017/07/you-are-naturally-biased-to-negative/

4 https://terms.naver.com/entry.nhn?docId=5676007&cid=62841&categoryId=62841Home ostasis,

5. Carole Pemberton(2015)., Resilience, New York, NY, McGraw-Hill Education.

6. Shawn Achor & Michelle Glean(2017). Resilience, Resilience is about how you recharge, not how you endure, Harvard Business Review Press, Boston, Massachusetts, 116.

7. Jansen, A., et al (1995). Central Command Neurons of the Sympathetic Nervous System: Basis of the Fight-or-Flight Response, Science, 270:5236-644.

8. Karen Reivich & Andrew Shatte. (2002). The Resilience Factor: 7 Keys to finding your inner strength and overcoming life's hurdles, New York, NY, Random House, Inc, 95-122.

9. Rasmus Hougaard, Jacqueline Cater & Gillian Coutts(2016). One Second Ahead, Palgrave Macmillian, New York Plaza, NY, US. 41-43.

10. Positive CBT Tool, Positive Psychology Program B.V. Gandhiplein 16, 6229HN MAASTRICHT, The Netherlands, https://PositivePsychologyProgram.com

11. McCracken, Lance M., and Edmund Keogh.(2009). "Acceptance, mindfulness, and values-based action may counteract fear and avoidance of emotions in chronic pain: an analysis of anxiety sensitivity." The Journal of Pain 10(4), 408-415.

12. Danielle Marie Crume. https://www.lifehack.org/articles/featured/six-great-ways-to-vent-your-frustrations.html.

13. http://m.cancerline.co.kr/index.php?mode=view_article&article_no=5375

14. Pennebaker, J.W.(1997). Writing about emotional experience as a therapeutic process. Psychological Science, 8(3): 162-6.

15. Susan David & Christina Congleton(2017). 'How effective people manage their thoughts and feelings', Harvard Business Review. Mindfulness (HBR Emotional Intelligence Series) . Harvard Business Review Press. 61.

16. Enright, Robert & North, Joanna(1998). Forgiveness, The Wisconsin University Press, Madison, Wisconsin 53711, USA, 46-62.

17. https://globalforgivenessinitiative.com/world/%EC%99%9C-%EC%9A%A9%EC%84%9C%ED%95%98%EB%82%98?gclid=Cj0KCQiAxfzvBRCZARIsAGA7YMxD8hNF3LgL3_mBuHDWEe6IGOMMr82I96MZYUasK-ovZo77ZhYb_gUaAiEyEALw_wcB

18. Kaplan, Stephen(1995). 'The Restorative benefits of nature: Toward an integrative framework', Journal of Environmental Psychology, 15: 169-182.

19. Clinton Ober, Stephen Sinatra & Martin Zucker(2014). Earthing, Basic Health Publications, Inc, Colorado Springs, USA. 59-69.

20. 마커스 버킹엄 & 도널드 클리프턴 (2001). 위대한 나의 발견 강점 혁명, 청림출판, 서울, 91-102.

21. J. Rash, M. Matsuba & K. Prkachin(2011). Gratitude and Well-Being: Who Benefits the Most from a Gratitude Intervention?, Applied Psychology, 3(3), 350-369.

22. https://greatergood.berkeley.edu/topic/mindfulness/definition

23. MARIA GONZALEZ et al. (2017). 'Mindfulness for People Who Are Too Busy to Meditate', Harvard Business Review. Mindfulness (HBR Emotional Intelligence Series) . Harvard Business Review Press. Kin-

dle Edition. Mindfulness, Harvard Business School Publishing, 60 Harvard Way, Boston, Massachusetts 02163. 70.

24. Killingsworth MA, Gilbert DT. A Wandering Mind Is an Unhappy Mind. Science 12 November 2010: Vol. 330. no. 6006, p. 932 DOI: 10.1126/science.1192439.

25. Charles Duhigg, The Power of Habit: Why We Do What We Do in Life and Business, 2012, Random House, New York, USA.

26. https://www.theguardian.com/lifeandstyle/2017/sep/24/why-lack-of-sleep-health-worst-enemy-matthew-walker-why-we-sleep?utm_source=esp&utm_medium=Email&utm_campaign=GU+Today+-main+NEW+H+categories&utm_term=245051&subid=23420727&C-MP=EMCNEWEML6619I2

27. http://sleepeducation.org/essentials-in-sleep/healthy-sleep-habits

28. Gandhi, Avni V., et al. "Melatonin is required for the circadian regulation of sleep." Neuron 85.6 (2015): 1193-1199. Brzezinski: Melatonin in humans: The New England Journal of Medicine 1997.

29. Wood, Brittany, et al. "Light level and duration of exposure determine the impact of self-luminous tablets on melatonin suppression." Applied ergonomics 44.2 (2013): 237-240. 30. Bergen-Cico, Dessa, Kyle Possemato, and Wilfred Pigeon. "Reductions in cortisol associated with primary care brief mindfulness program for veterans with PTSD." Medical Care 52 (2014): S25-S31.

31. Michelle Van Laethem, Debby G.J., Madelon L.M.van Hooff, ApDijksterhuis, Sabine A.E.Geurts(2016). Day-to-day relations between stress and sleep and the mediating role of perseverative cognition, Sleep Medicine, Volume 24, August 2016, 71-79.

32. F. Zijlstra et al(2014). From recovery to regulation: An attempt to reconceptualize recovery from work., John Wily & Sons, 2014, 244.

33. J. Stern(2013). Cellphone users check phones 150x/day and other internet fun facts, Good Morning America, May 29, 2013.

34. http://news.chosun.com/site/data/html_dir/2019/11/12/2019111200953.html.

35. https://en.wikipedia.org/wiki/Parasympathetic_nervous_system#-Sensation

36. Dr Lucinda Poole, Dr Hugo Alberts; positive psychology toolkit, Resilience plan Four S